W0384925

Ysée

CAVALIÈRE DE LÉGENDE

FLEURUS

Direction : Guillaume Arnaud
Direction éditoriale : Sarah Malherbe
Édition : Raphaële Glaux, assistée d'Astrid d'Aviau de Ternay

Direction artistique : Élisabeth Hebert

Photographie de la couverture : Pegasus Black Steed Standing in Dark Storm Clouds © Shutterstock

Fabrication : Thierry Dubus, Gwendoline da Rocha

© Fleurus, Paris, 2014
Site : www.fleuruseditions.com
ISBN : 978-2-2151-2085-8
Code MDS : 651 768

Tous droits réservés pour tous pays.
« Loi n° 49-956 du 16 juillet 1949 sur les publications destinées à la jeunesse. »

Muriel Zürcher

Ysée

CAVALIÈRE DE LÉGENDE

Fleurus

1

Une leçon de liberté

Ysée se leva sur ses étriers. Piqué, le cheval allongea sa foulée et passa au grand galop. La cavalière se pencha jusqu'à effleurer l'encolure de sa monture :

« Ysée ! Reviens ! »

L'appel ne brisa pas leur élan, pas plus que la barrière qui se dressait devant eux. Ysée bascula vers l'avant. L'étalon vola au-dessus de l'obstacle et, l'espace d'un instant, la jeune fille se sentit flotter en apesanteur. Puis la course folle reprit de plus belle.

Le vent giflait le visage de la cavalière, les parfums des champs l'enivraient et ses longs cheveux bruns s'entrelaçaient en une danse sauvage. Ysée encouragea l'animal :

« Allons-y, Flibustier ! Je suis avec toi, plus vite ! Plus vite ! »

La chevauchée s'accéléra. À l'unisson, tous les deux ne formaient plus qu'un seul être en totale symbiose. Ysée accompagnait chaque mouvement, chaque temps de suspension, chaque coup de sabot sur le sol. Et, pour la première fois de la journée, le tumulte de ses pensées s'apaisa. Ni le visage triste de sa mère, ni les doutes sur son départ imminent ne perturbaient ce moment de félicité. La jeune fille profitait de l'instant présent, concentrée sur sa monture et sa trajectoire. Elle souriait.

Arrivée à l'entrée du centre équestre, Béa renonça à courir et à crier pour rattraper le cheval et sa cavalière. Une fois de plus, la jeune fille n'en faisait qu'à sa tête ! Béa l'avait pourtant prévenue que l'étalon, enfermé depuis deux jours, risquait de prendre le mors aux dents. Malgré tout, elle n'éprouva pas de réelle inquiétude. Qui, d'Ysée ou de Flibustier, de la jeune fille ou du destrier, était le plus sauvage ? La question la fit sourire. Elle haussa les épaules, incapable d'y répondre. Béa plaça sa main en visière pour les suivre du regard.

Depuis qu'elle s'occupait du centre, elle en avait vu défiler des cavaliers ! Mais Ysée montait d'une manière si particulière qu'elle ne se lassait pas de la regarder. Au fil des années, Béa avait tenté de lui inculquer une technique plus académique, en vain. La jeune fille avait même renoncé à participer aux reprises. Elle chevauchait à l'instinct, comme un cavalier des steppes.

Voir Ysée galoper, c'était prendre une leçon de liberté.

Après son échappée, Ysée n'attendit pas que son cheval s'arrête. Elle lança sa jambe droite par-dessus l'encolure et se laissa glisser au bas de sa monture. La mince jeune fille passa les rênes au-dessus des oreilles de Flibustier, puis elle lui caressa la crinière :

« Combien de fois t'ai-je répété qu'une selle n'est pas un toboggan ? Ne t'avise pas de recommencer ce genre d'âneries dans ton nouveau lycée ! Et quelle folie de monter un étalon privé d'exercice sans l'avoir longé auparavant. »

En entendant la voix grondeuse de Béa, Ysée sourit :

« J'en profite avant de partir. Toi, au moins, tu t'en fiches de la technique.

– Non, mais écoutez-la, cette demoiselle ! Qu'est-ce qu'il ne faut pas entendre ! »

Malgré ses sourcils froncés et un ton peu affable, les yeux pétillants de Béa ne trompaient pas Ysée. Sa colère n'était qu'une façade. Ysée était sur le point de partir en Écosse. Hors de question de gâcher cette dernière rencontre ! Béa s'avança d'un pas et prit Ysée dans ses bras :

« Tu vas me manquer ! »

Serrée dans les bras vigoureux de Béa, Ysée ne sut quelle posture adopter. D'un tempérament solitaire, elle se sentait parfois mal à l'aise avec les autres, surtout quand ses émotions la submergeaient ! Et, pourtant, elle aimait beaucoup Béa. Sans elle, jamais Ysée n'aurait eu les moyens de s'inscrire au centre équestre ! Chaque mercredi après-midi, la jeune fille passait trois heures à nettoyer les box. En échange, elle montait autant qu'elle le souhaitait. Cet arrangement inespéré lui avait permis d'assouvir sa passion du cheval malgré les réticences de sa mère.

Béa, percevant son malaise, posa ses mains sur les épaules d'Ysée. Elle plongea son regard dans les yeux verts de la jeune fille avant de désigner l'animal :

« Je crois que c'est à lui que tu vas le plus manquer ! »

Elle tapota la croupe de l'animal. Ysée demanda :

« Il a eu chaud pendant le galop. Je lui donne une douche ?

– Bonne idée ! Et bouchonne-le bien. On est début septembre, le vent fraîchit. »

En quelques minutes, Ysée débarrassa l'étalon de son harnachement. Le filet sur l'épaule et la selle sur le bras, elle gagna la sellerie puis rangea l'ensemble de l'équipement, à l'exception du tapis qu'elle mit à sécher. Quand elle ressortit, elle tenait sa mallette à la main. Les brosses, les étrilles, les cure-pieds constituaient la somme de tous ses cadeaux d'anniversaire et de Noël. Ysée saisit l'extrémité du tuyau d'arrosage et avança à grandes enjambées. Elle adorait ce moment privilégié où elle soignait sa monture.

Flibustier attendait patiemment sa jeune cavalière. Ysée se dressa sur la pointe des pieds pour nettoyer son dos. Le cheval mesurait 1,85 mètre au garrot, ce qui faisait presque de lui un géant. En comparaison, Ysée, qui dépassait à peine 1,65 mètre, semblait toute petite. À mesure que l'eau coulait, elle frottait son poil car elle savait combien les chevaux aimaient ça.

Assise sur une botte de paille, Béa était silencieuse. Tournée vers sa monture, Ysée ne la voyait pas, mais elle sentait que Béa était là pour l'écouter. Elle murmura :

« Maman restera seule, après. »

Inutile d'ajouter après quoi… Son départ à Ghorse High-school – un lycée pensionnat d'équitation – constituait l'affaire du moment :

« Tu pars construire ton avenir, c'est ça qui importe, rétorqua Béa. Même si c'est difficile, Élisabeth s'en sortira.

– Je ne sais pas. Elle a besoin de moi. »

Ysée s'interrompit, la gorge serrée. Elle se sentait tellement coupable de l'abandonner ! Si, au moins, elle avait intégré un lycée spécialisé en basket ou en escrime. Mais partir pour rejoindre un établissement d'équitation, c'était comme une trahison !

Élisabeth, sa mère, détestait les chevaux, les tenant pour uniques responsables de la disparition du père d'Ysée. Jockey prodige, il avait sillonné le monde pour entraîner de célèbres étalons vers la victoire. Ainsi, Élisabeth avait coutume de dire que les chevaux passaient en premier et la famille après. Elle ne voyait son mari qu'entre deux courses, de temps en temps. Et la naissance de leur fille n'y avait rien changé.

Un jour, Ysée encore bébé, son père n'était pas rentré à la maison. Il suivait alors un entraînement de trois mois dans un ranch aux États-Unis puis, soudain, il ne donna plus de nouvelles. Sa femme attendit en vain une lettre, un appel. La police n'avait trouvé aucune explication à sa disparition, et Élisabeth, dévastée, ne s'en remit jamais.

Béa se leva, et parla sur un ton plein de douceur :

« Ysée, ta mère t'aime. Même si, aujourd'hui, elle ne comprend pas combien cette nouvelle vie est importante pour toi, cela viendra avec le temps. »

Puis elle s'éloigna, prétextant un appel urgent. Flibustier saurait l'aider mieux que personne. Il suffisait d'observer la jeune fille en présence d'un cheval pour saisir l'évidence : elle possédait un don pour communiquer avec lui.

Plongée dans ses pensées, Ysée commença à sécher la crinière de Flibustier. Le cheval tourna la tête et nicha ses naseaux dans le creux de son cou en soufflant.

Ysée protesta :

« Arrête, tu vas me mettre de la bave partout ! »

Flibustier pencha la tête et donna des petits coups sur le ventre de la cavalière. Le sourire d'Ysée s'élargit :

« Je sais, je sais, tu veux des caresses. Et peut-être aussi le morceau de pomme que tu sens dans ma poche. Mais attends que j'aie terminé de te sécher. Espèce de pirate, va !

Son rire résonna dans le centre équestre. En l'entendant, le cœur de Béa se serra. Ysée cachait en elle un tel bonheur de vivre ! Si seulement elle n'était pas si timide… Pour s'épanouir dans son pensionnat, elle aurait besoin de compter sur de vrais amis, mais qui aurait le courage de dépasser l'attitude réservée qu'elle opposait aux inconnus ? Qui briserait la carapace que la jeune fille avait édifiée pour se protéger ?

Tout propre, Flibustier suivit sa cavalière jusque dans son box. Ysée lui tendit la friandise qu'il avait méritée, posée sur la paume de sa main ouverte. Le quartier de pomme craqua sous les dents du cheval. La jeune fille s'adossa à la barrière du box et inspira profondément. Elle se sentait chez elle, ici, avec l'odeur des chevaux, le bruit des sabots résonnant sur le sol pavé de la cour et celui des hennissements.

Non, elle ne se trompait pas. Elle devait aller jusqu'au bout. Elle s'était inscrite au concours d'entrée du pensionnat en secret. Elle avait pris le train, le métro, le bus ! Pour elle qui n'était jamais sortie de la petite ville où elle habitait, cela avait représenté un exploit source de beaucoup d'angoisse ! Elle avait trotté, galopé, virevolté devant les membres du jury aux mines impénétrables, avait répondu à toutes leurs questions, puis était rentrée, épuisée. Le verdict était tombé quelques jours plus tard : elle était admise à Ghorse Highschool.

Demain, elle quitterait sa maison pour l'inconnu et pour bâtir son avenir au milieu des chevaux.

2
L'envol

La nuit était tombée. Au pied du bureau, la vieille valise noire aux roulettes grippées attendait d'être fermée. Vêtements, trousse de toilette, matériel d'équitation, tout était prêt pour le départ du lendemain.

Assise à son bureau, Ysée soupira devant une feuille couverte d'une centaine de signatures, toujours la même. Un gribouillis avec le juste dosage de boucles pour donner l'illusion qu'il s'agissait bien du paraphe d'un médecin.

Ysée attrapa un stylo. Tout à coup, elle hésita. Le certificat médical qu'elle avait fabriqué semblait authentique : le nom, l'adresse, le texte sonnaient plus vrais que nature. Ysée détestait tricher, mais avait-elle réellement le choix ?

Quatre mois auparavant, Ysée avait complété le dossier d'inscription. Il ne manquait plus que la signature d'Élisabeth.

Pendant plus d'une semaine, le document avait occupé la table de la cuisine et Élisabeth avait ignoré, gardant le silence.

Puis elle avait fini par le signer. Les chevaux lui volaient sa fille après lui avoir volé son mari. Oh, comme Ysée avait détesté ce dossier ! Presque autant qu'elle se détestait elle-même d'abandonner sa mère !

Un mois plus tard, le formulaire de demande de bourse était arrivé par e-mail. Le même scénario se réitéra. Sept jours de tensions avant qu'Élisabeth se décide à signer à nouveau.

Alors, quand Ysée avait vu qu'il restait un certificat médical à fournir, elle prit sa décision : inutile de renouveler la torture ! Ne pouvant aller consulter un médecin sans prévenir Élisabeth, il lui avait semblé qu'établir un faux document était la meilleure solution.

Ysée s'appliqua. Elle posa la pointe de son stylo au bas du certificat, juste en dessous de la mention : « Pour servir et valoir ce que de droit », et, d'un mouvement assuré, elle reproduisit la signature qu'elle avait inventée.

À l'autre bout du couloir, elle entendit Élisabeth l'appeler :

« À table ! »

Ysée plia la feuille et la glissa dans son sac à dos. Elle haussa les épaules. Après tout, qui n'avait jamais triché dans sa vie ?

Le lendemain, malgré l'heure matinale, il y avait foule autour d'Ysée et de sa mère. Les embrassades allaient bon train.

Dans la cohue, bousculée de toute part, Ysée chercha du regard des personnes de son âge. La secrétaire de Ghorse High-school lui avait parlé de deux autres élèves français qui voyageraient avec elle. S'agissait-il de ces deux filles en jean slim juchées sur des talons dignes d'un gratte-ciel ? Elles péroraient, la main posée sur la hanche, telles deux mannequins mitraillés par les photographes. Ysée grimaça. Pas trop son genre. Pour cette nouvelle vie, elle avait décidé de faire un effort pour se faire des copines. Après quatre ans de collège passés sans véritable amie, il était temps de changer. Faute d'expérience, elle ne savait absolument pas comment s'y prendre pour se lier d'amitié. Mais si, de plus, les autres filles ne juraient que par chiffons, maquillage et compagnie, ça s'annonçait difficile !

Un peu plus loin, un garçon de son âge croulait sous les embrassades de ses trois grandes sœurs. Elles s'affairaient à réajuster sa veste, vérifier la fermeture de son sac, le serrer dans leurs bras. Tonitruantes, leurs recommandations couvraient les annonces des portes d'embarquement. Visiblement habitué, le jeune homme conservait son sang-froid, distribuant des baisers, multipliant les : « Oui, oui » destinés à les rassurer. Il n'avait pas vraiment un physique de jockey. Grand, beau, musclé, Ysée songea qu'il aurait provoqué des ravages auprès des filles de son ancienne école ! Et, comme s'il l'avait entendu penser, il tourna la tête vers elle et croisa son regard. La jeune fille esquissa un sourire. Même s'il était imperceptible de le percevoir sur sa peau noire, elle aurait juré qu'il avait rougi !

« Les passagers à destination de Glasgow sont priés de se présenter à la porte d'embarquement B17. »

L'annonce la tira de sa rêverie :

« C'est mon vol ! annonça-t-elle. Tu devrais y aller, maman, tu vas finir par être en retard au travail. »

Élisabeth approuva d'un hochement de tête. Puis elle serra sa fille contre elle :

« Tu me promets d'être bien prudente ?

– Oui, maman, je te le promets ! répondit Ysée. Je te le promets aussi sincèrement que les deux cents fois précédentes où tu m'as déjà posé la question ! »

Élisabeth esquissa un sourire. Ysée s'en réjouit. Lui arracher un sourire le jour du départ constituait une petite victoire !

Elle répéta, cette fois sur un ton sérieux, en la regardant droit dans les yeux :

« Tu n'as pas de souci à te faire, maman, ici ou là-bas, je resterai ta fille, pour toujours. »

Elles s'enlacèrent et s'embrassèrent chaleureusement.

Ysée répondit, émue, au dernier salut de sa mère et s'éloigna. Il était temps de canaliser sa culpabilité et de donner libre cours à son excitation. Encore quelques heures, et elle découvrirait ce que serait sa vie pendant ces trois prochaines années : les chevaux, les profs, les élèves, le lycée… Comme elle avait hâte de plonger dans sa nouvelle existence !

Quand elle s'avança, son cœur battait la chamade. Derrière le « boum boum » régulier se cachait pourtant de la peur. Et si elle n'était pas à la hauteur ?

Ysée tira sa valise qui couinait jusqu'au comptoir d'enregistrement et tendit son billet à l'hôtesse. La jeune femme la salua :

« Bonjour, mademoiselle, vous faites partie des trois lycéens de Ghorse Highschool ? »

Ysée approuva :

« Si vous voulez bien rester sur le côté, j'enregistrerai vos bagages ensemble. Ainsi, vous bénéficierez de places côte à côte. »

La jeune fille obtempéra. Les passagers défilèrent sous ses yeux. Quand les deux pimbêches aperçues dans la foule se présentèrent, Ysée retint sa respiration. Dans sa tête, elle psalmodiait : “Pas elles, pourvu que ce ne soit pas elles”. Un sourire de soulagement éclaira son visage lorsque les deux jeunes filles franchirent la barrière. Le sourire perdurait lorsque le beau jeune homme s'avança sous le regard de ses grandes sœurs. L'hôtesse lui proposa de rejoindre Ysée. Il lui lança :

« Salut !

– Salut !

– Toi aussi, tu vas à Ghorse ?

– Ouais… »

Après cette réponse sibylline, Ysée avala sa salive, gênée. C'était la plus pitoyable de toutes les conversations qu'elle avait pu mener depuis sa naissance ! Elle chercha désespérément quoi ajouter, mais la seule chose qui lui vint à l'esprit ressemblait à une caricature : « Il fait beau » ou encore : « Contente de te rencontrer ». Nul ! Nul ! Nul ! Finalement, le garçon arracha son regard à la vision de ses lacets et lui demanda :

« Tu t'appelles comment ?

– Ysée. Et toi ?

– Romain. »

Un nouveau silence s'immisça entre eux. Un silence d'autant plus gênant qu'ils ne savaient ni l'un ni l'autre comment le combler. Une exclamation de l'hôtesse détourna leur attention :

« Désolée, monsieur, dit-elle à un homme aux cheveux grisonnants vêtu d'un élégant costume qui lui tendait son billet, j'ai un problème avec le moniteur. Veuillez patienter le temps que j'ouvre un autre comptoir. »

L'homme d'affaires se mit à râler, offrant une diversion parfaite à l'embarras des deux jeunes gens. Soudain, Ysée et Romain furent apostrophés :

« C'est vous qui partez vous enfermer dans un vieux château au milieu de nulle part ? »

Le garçon qui les interpellait était à peine plus grand qu'Ysée, mais la force de sa présence dépassait celles des deux autres réunis. Romain approuva d'un hochement de tête. Ysée sourit. Le verbe « débouler » semblait avoir été inventé pour ce garçon au visage mince et aux cheveux en bataille qui, à peine surgi de nulle part, se glissait déjà derrière l'écran de l'hôtesse. Il tapota sur le clavier :

« Y a un problème sur la machine ?

– S'il vous plaît, demanda l'hôtesse, veuillez ne rien toucher, l'accès au matériel est réservé aux professionnels.

– Aussi vrai que je m'appelle Blaise, je suis un professionnel. Dépannage informatique, serrure ou électricité, je sais tout faire ! »

Toujours aux prises avec le passager grincheux, l'hôtesse hésita, partagée entre la nécessité d'apaiser l'impatience qui montait au sein de la file d'attente et celle de protéger son outil de travail. Elle répéta à l'attention du garçon :

« Je vous en prie, jeune homme, ne touchez à rien ! »

Blaise pianota encore quelques secondes puis leva ses deux mains en l'air :

« À vos ordres, madame. De toute façon, tout est réparé. »

L'hôtesse s'approcha et lança un regard à la fois incrédule et admiratif à Blaise. Le logiciel fonctionnait à nouveau. Blaise se planta face à Ysée et Romain. Il adopta la pose du légendaire 007 et annonça d'une voix grave :

« Blaise. Blaise Bond. »

Ysée éclata de son rire communicatif, entraînant Romain avec elle. L'hôtesse reprit l'impression des cartes d'embarquement. La tension des dernières minutes s'apaisa dans la file d'attente. Quand le tour des trois lycéens arriva, la femme accompagna le document d'un clin d'œil :

« Mademoiselle, messieurs, vous voyagerez en classe affaires. La compagnie vous souhaite un agréable vol.

– Top ! s'écria Blaise, on est surclassés ! À nous la belle vie, le champagne et le caviar ! Merci, madame ! »

Son enthousiasme amusa l'hôtesse :

« Merci à vous, jeune homme. Bien sûr, vous n'ignorez pas qu'aucun alcool n'est proposé aux mineurs. »

Blaise adopta une attitude navrée et, tête penchée sur sa poitrine, il pleurnicha :

« Condamné au Champomy, le monde est vraiment trop injuste. »

Au décollage, Ysée serra les mâchoires, ses mains crispées sur les accoudoirs. L'avion restait immobile alors que le bruit et la vibration des moteurs montaient en puissance.

Enfin, l'engin quitta le tarmac. Quand il se stabilisa, Ysée prit une profonde inspiration. Sans même s'en apercevoir, elle avait bloqué sa respiration. Alors qu'elle se détendait, une vague d'émotion la submergea. Cette fois, elle était partie. Pour de bon :

« Tu boudes ? » l'interpella Blaise.

Ysée se surprit à dévoiler les soucis qui occupaient son esprit :

« Non, je pense à ma mère. Ce n'est pas facile pour elle.

– C'est bien les mères, ça ! Elles passent des années à râler pour qu'on ramasse nos chaussettes sales et le jour où on débarrasse le plancher, elles commencent à pleurer ! Si j'étais toi, je ne me mettrais pas la tête à l'envers. Elle s'y fera, c'est qu'une question de temps.

– Si tu le dis…

– Tu veux confirmation ? Je te lis les lignes de la main, si tu as envie. »

Ysée lui tendit sa paume ouverte, étonnée de sa propre réaction. Avec Blaise, elle n'avait pas sa réserve habituelle.

La main d'Ysée dans la sienne, Blaise fronça les sourcils :

« Là, c'est évident ! Cette ligne sombre signifie que ta mère retrouvera le moral plus tôt que tu ne le penses. Dans un jour ou quatre mois, dernier carat ! »

Ysée secoua la tête en souriant :

« Cette ligne, c'est un trait de stylo…

– Ah, ben tu vois, répliqua Blaise sans se laisser déstabiliser, c'était écrit ! »

Ysée sentit le rire chasser ses craintes. Avec sa mauvaise foi et son aplomb, Blaise avait l'art de lui changer les idées. Elle était contente de savoir qu'ils seraient dans la même classe.

Le vol passa très vite. Blaise entreprit d'interroger Romain sur le lycée. Ce dernier, qui entrait en première, ne se fit pas prier. Il parla de Léonard, le responsable d'écurie, adepte du tricot. Il évoqua M. Keating, le plus exigeant des professeurs d'équitation. Il brossa le profil de la directrice aussi sévère que les landes désertes du nord de l'Écosse. Et, quand il raconta les après-midi de danse country au café-bowling de la ville, Romain et Ysée ne furent pas trop de deux pour empêcher Blaise de faire une démonstration entre les travées des sièges.

Le calme revenu, les deux garçons se plongèrent sur leurs consoles. Ysée attrapa son roman, sans vraiment réussir à se laisser happer par le récit. Ses pensées s'échappaient entre les lignes.

Le décollage lui semblait encore tout proche quand l'annonce de l'atterrissage retentit dans la cabine. Ses mains écrasèrent les accoudoirs. Avec un peu de chance, tout allait bien se passer.

3

Le prix de l'amitié

La salle des bagages de l'aérogare bruissait des conversations des lycéens. Les terminales et les premières manifestaient leur joie de se revoir. Les secondes se rassemblaient par petits groupes pour faire connaissance :

« Bienvenue ! Alors, c'est toi la troisième élève du vol ? »

La femme chargée de l'accueil des élèves adressa un grand sourire à Ysée. Sans attendre confirmation, elle jeta un œil à sa liste et demanda :

« Ton avion vient de Paris, donc tu dois être Ysée Brumedor, je ne me trompe pas ?

– C'est ça, oui.

– Ravie de faire ta connaissance. Je suis Karvina Tuttle, la gouvernante de Ghorse Highschool. »

Ysée avait beau s'être préparée à ce moment, elle ne put s'empêcher d'être troublée. Cette femme avait vraiment une drôle d'allure ! Avec ses cheveux sombres ramassés en un chignon strict, ses bottines à lacets, sa jupe longue et son chemisier blanc soigneusement boutonné sous un manteau cintré, elle n'aurait pas dépareillé dans l'Écosse du XIXe siècle.

Et puis, elle s'était exprimée en anglais. Comme toutes les conversations autour d'Ysée, d'ailleurs. Sa nouvelle langue désormais.

Karvina, qui accueillait depuis dix ans les élèves de secondes à l'aéroport, sentit la confusion d'Ysée. Posant une main rassurante sur son épaule, elle lui dit gentiment :

« Ton bagage ne devrait plus tarder, juste là-bas ! »

Ysée s'éclipsa dans la direction indiquée. Des élèves débarquaient après elle ; les avions atterrissaient, en provenance des quatre pays partenaires de Ghorse Highschool : la France, la Norvège, les États-Unis et, bien sûr, le Royaume-Uni.

Dehors, deux cars attendaient les pensionnaires pour les conduire au lycée.

Debout devant le tapis des bagages, Ysée se mordilla les lèvres. Elle avait l'impression d'être la seule à rester solitaire et cela la mettait mal à l'aise.

À défaut d'oser intégrer un groupe, elle observa ceux qui partageraient sa vie pendant un an.

De l'autre côté du tapis, Romain attrapa son grand sac à dos et rejoignit des amis. Blaise tirait sa valise à roulettes vers un groupe d'élèves, déjà très à l'aise. Le mot « timidité » devait lui être inconnu. Ysée l'envia. Un peu plus loin, une fille aux cheveux courts et bouclés, tout habillée de noir, des rangers écossais aux pieds, attendait sa valise, un casque de musique sur les oreilles. À voir son look gothique, Ysée renonça à l'aborder. Elles n'avaient probablement pas grand-chose en commun.

Soudain, un rire enjoué lui fit tourner la tête. Beaucoup plus près d'elle, à trois pas derrière, du côté des bagages du vol américain, une fille discutait avec animation. Elle portait des baskets rouge fluo, un slim gris, une tunique jaune moutarde et un fin gilet en laine vert bouteille sans manches, le tout formant un ensemble aussi coloré qu'harmonieux qui seyait parfaitement à ses légères rondeurs. Ses longs cheveux auburn, retenus en une queue-de-cheval floue, sa peau pâle et ses taches de rousseur, lui donnaient un air sympathique. Déjà, trois ou quatre filles papillonnaient autour d'elle. Ysée regretta de ne pas être modelée à son image. C'était le genre de fille qui, parachutée au-dessus d'un pays inconnu, se retrouvait entourée d'une ribambelle de copines avant même d'avoir trouvé une goutte d'eau potable.

Ysée l'entendit se présenter à une nouvelle venue. Lally Brewster, du Nevada. Son prénom sonnait bien, simple et chantant, comme sa réaction à la vue de son bagage sur le tapis :

« Youhou, la voilà ! »

L'une des filles s'extasia :

« Elle est belle, ta valise ! »

Lally caressa son bagage jaune canari couvert de smileys et de petits mots rouges. Elle expliqua :

« Mes copines l'ont décorée avec du vernis à ongles en souvenir, juste avant mon départ des États-Unis. Trop mignon, non ?

– C'est plutôt un monstrueux gâchis ! »

Ysée, Lally et les autres se tournèrent vers la personne responsable de ce commentaire acerbe. C'était une fille de taille moyenne, mince, les cheveux blonds impeccablement lissés, retenus par une paire de lunettes de soleil de marque et vêtue d'une tenue soigneusement calculée pour un effet chic et mode. Elle poursuivit sur le même ton hautain :

« Quand on sait combien coûte une valise haute couture, la saccager à coup de vernis est un véritable crime ! »

La virulence de l'attaque laissa tout le groupe bouche bée. Lally haussa les épaules. Sa grand-mère lui avait offert cette valise parce que sa petite-fille en aimait la couleur, pas en raison de son sigle dont elle se moquait complètement. Issue d'une famille riche, Lally portait des vêtements de marque depuis qu'elle était bébé, mais jamais elle n'aurait pensé s'en vanter auprès de ses amies. Elle rétorqua :

« Alyson, c'est bien ça ? »

Son interlocutrice hocha la tête. Lally poursuivit :

« Eh bien, sache, Alyson, que les dessins de mes amies sont bien plus précieux qu'une valise ! L'amitié n'a pas de prix, on ne t'a jamais appris ça ? »

Ysée observa Alyson lever les yeux au ciel puis s'éloigner. Elle l'entendit murmurer aux deux filles qu'elle entraînait dans son sillage :

« Une vraie poule de basse-cour, celle-là ! Elle était juste derrière moi dans l'avion, et pia pia pia, et bla bla bla… trop débile ! »

Révoltée, Ysée grinça entre ses dents :

« Puisque tu es si intelligente, sois courageuse, dis-le-lui en face ! »

Le regard qu'Alyson lui lança se révéla aussi explicite qu'une longue phrase : Ysée venait de se faire une ennemie.

Ysée pâlit. Une fois encore, elle avait agi sans réfléchir. La colère avait pris le dessus ; elle avait parlé trop vite. Depuis l'atterrissage, elle n'avait même pas osé faire un pas pour saluer les filles sympas, et voilà qu'elle fonçait dans le lard des autres à la première occasion… Ysée baissa la tête, regrettant déjà son impulsivité. Lally, tout occupée à discuter, n'avait rien remarqué. Du coin de l'œil, Ysée vit son bagage défiler sur le tapis. Comparée à celle de Lally, sa valise bon marché faisait grise mine. Soudain, Blaise se précipita pour en saisir la poignée :

« Je te la porte ! J'ai entendu la manière dont tu as remis à sa place la belle Alyson. Waouh ! J'ai choisi mon camp : je préfère être de ton côté ! »

Ysée lui sourit. Blaise l'amusait. Mais il se détourna aussitôt pour s'approcher de Lally en déclamant dans la langue de Shakespeare :

« Salut à toi, bel arc-en-ciel qui illumine ma journée ! »

Le buste penché en avant, il attrapa la main de la jeune Américaine et plaqua une bise sur son dos. En réaction à ce baisemain distingué et décalé, Lally éclata de rire avec les autres filles. Elle s'éloigna, accompagnée de Blaise.

Quelques secondes plus tard, Ysée la vit percuter Romain alors qu'elle se dirigeait vers la sortie. Le visage de Lally s'empourpra tandis qu'elle s'excusait. Le jeune homme répliqua :

« Pas grave, il n'y a pas de mal ! »

Des groupes de lycéens grimpèrent les marches du bus, pressés de réserver des places pour discuter ensemble durant le long trajet. Ysée s'installa à côté d'une fenêtre. Devant elle, Blaise occupait deux sièges à lui tout seul. Il se tenait penché par-dessus le dossier de la banquette et bavardait avec Markus et Lukas, deux Norvégiens arrivés d'Oslo. Ysée tendit l'oreille et entendit Lally s'exclamer juste derrière elle :

« J'ai honte, j'ai honte, j'ai honte puissance mille ! »

Sa voisine, une Américaine grande et blonde, l'incita à poursuivre :

« Vas-y, raconte !

– Tu as repéré le grand mec trop beau, celui qui s'appelle Romain ? Tu as vu comme je lui suis rentrée dedans ? J'ai rougi comme une gamine ! Et comme je ne suis pas maquillée, ça a dû trop se voir ! »

Ysée se mordilla l'intérieur des joues. Pour elle, qui ne portait jamais de maquillage, la remarque de Lally était inquiétante. Comment se faire des copines alors qu'elle se sentait si différente des autres filles ?

Dans le couloir central, les élèves défilèrent. La fille au look gothique grimpa dans le bus la dernière. Elle s'arrêta au niveau d'Ysée. Son regard interrogatif tint lieu de question. Ysée répondit :

« La place est libre. »

La fille s'y laissa tomber plus qu'elle ne s'y assit. Elle souleva un écouteur de son casque et se tourna vers Ysée :

« Moi, c'est Joyce.

– Salut, moi, c'est Ysée.

– T'es d'où ?

– De Paris, et toi ?

– Liverpool… »

Cela expliquait son accent anglais aux sonorités particulières. Sur ce, Joyce ferma les paupières. Ysée observa un instant son visage ovale, son nez mince et ses yeux en amandes. Elle dégageait une impression de calme et de sérénité. Cette certitude tranquille formait un contraste avec son look gothique. Ysée esquissa un sourire. Finalement, elle se sentait à l'aise à ses côtés.

Quand tous les élèves furent installés, le chauffeur alluma le moteur et la radio. Doucement, il embraya, et le bus se mit en route. Ysée regarda les têtes qui dépassaient des sièges. Elle pensa : « Cette fois, ça y est, j'y suis ».

Le car sortit des faubourgs de la ville et progressa vers le nord, longtemps. Le paysage changea imperceptiblement. À perte de vue, il n'y avait que bruyères, fougères et herbes folles agitées par le vent. Des châteaux se dévoilaient à l'horizon. Le granit noir de leurs tours éclairait les alentours d'une aura de puissance. Les ruines dégageaient encore une impression de noblesse.

Ysée oublia son angoisse. Elle s'imagina à cheval dans la lande. La force sauvage du paysage l'avait emportée. Ce pays résonnait en elle, telle une terre qui pourrait enfin accueillir ses rêves.

4

Bonne pioche

Le car franchit lentement le portail du lycée. Dans l'allée centrale, les élèves se tenaient déjà debout, les mains encombrées de sacs ou de vêtements et impatients de se dégourdir les jambes :

« Tu bouges ou t'attends ? » demanda Joyce qui semblait décidée à quitter sa place parmi les derniers. Ysée déclina sa proposition de la laisser passer. L'idée de se mêler à la foule ne la séduisait guère.

Lally avança, le bras plongé dans son sac à main à la recherche de son téléphone. Elle se retourna vers sa voisine de trajet :

« D'abord la photo et après je poste sur ma page *social life*. Et tu sais quoi, Jena ? Mes copines vont adorer cet endroit. »

Son interlocutrice lui adressa un sourire éclatant, digne d'une publicité de dentifrice. Grande, mince et musclée, tout en elle respirait la santé. Elle répondit :

« Communiquer, c'est bien, mais trouver une chambre, c'est mieux. Si on tarde trop, on en sera réduites à faire les bouche-trous. »

Les chambres ! Ysée sentit la boule d'angoisse s'agiter au creux de sa poitrine. Elle venait de comprendre que, si tous les élèves se précipitaient, c'était pour avoir l'opportunité de choisir leur voisin de lit ! Quelle idiote… Comment avait-elle pu ne pas y penser ! Partager une chambre constituait le meilleur moyen d'amorcer une amitié. Pour devenir la copine de Lally, il fallait commencer par ça ! Elle se contorsionna pour attraper son sac à dos et y fourrer le pull qui lui avait servi d'oreiller. Joyce bascula ses genoux pour laisser passer sa voisine. Ysée s'engagea dans l'allée centrale, au milieu des premières et des terminales qui n'avaient aucune raison de se presser : ils avaient préparé la répartition dans leurs chambres en juin dernier.

Dans la cour du lycée, les *midges* étaient passés à l'offensive. Ces petits insectes se précipitaient en nuée sur la chair fraîche débarquée de l'autocar. En fins gourmets, ils n'attaquaient que certains élèves, délaissant les autres. Soulagée, Ysée constata qu'elle appartenait à la seconde catégorie. Mais pas Lally :

« Ah ! Saleté de bestioles ! »

Assaillie par des moucherons piqueurs, Lally traîna sa valise au pas de course vers l'entrée du château. Jena la talonnait de près. Ysée les vit monter les marches du perron quatre à quatre, se réfugier dans le hall et éclata de rire. Ce spectacle était tellement inattendu ! Des lycéens la regardèrent, le sourire aux lèvres. Beaucoup partagèrent son hilarité. Ysée inspira profondément : son rire, qu'elle savait si communicatif, avait balayé une part de son inquiétude. Sans qu'elle ne l'ait entendue arriver, Joyce lui demanda :

« Tu n'as pas l'impression qu'on débarque dans un autre monde ? Le château, la lande, les collines, tout ça… On se croirait dans une chanson. J'adore !

– Oui, approuva Ysée, c'est comme si on plongeait hors du temps. »

Joyce hocha la tête et se dirigea vers la soute à bagages de l'autre côté du bus.

Ysée contempla le château, massive bâtisse de pierres sombres, qui se dressait devant elle. Il abritait les salles de cours et les lieux de vie des élèves. Deux éoliennes s'élevaient à ses côtés, et on distinguait sur sa plus haute tour une antenne d'opérateur téléphonique, autant de concessions à la modernité et à l'écologie. Au cœur de la nature sauvage des Highlands, Ysée trouvait cela plutôt rassurant.

Soudain, un hennissement attira son attention. Au fond du parc, elle aperçut les écuries, les paddocks et les manèges.

Construits en bois et en métal, coiffés d'un toit de tôle arrondi tirant sur le bleu ardoise, ces bâtiments récents et chaleureux lui plaisaient.

Ysée s'arrêta. Elle mourait d'envie d'aller rencontrer les chevaux. Le grand parc qui s'étendait sur la gauche lui tendait les bras. Elle s'imaginait déjà y mener sa monture pour slalomer entre les troncs des chênes qu'un ancestral écossais avait pris soin de planter là.

Puis la raison reprit ses droits. Ysée devait d'abord trouver une place dans une chambre.

En montant l'imposant escalier qui conduisait aux chambres, Ysée laissa sa main glisser sur le mur de pierres. Au deuxième étage, le granit disparaissait sous les plaques de plâtres recouvertes de peinture claire. Ysée s'engouffra dans le couloir blanc des dortoirs, encombré par tout un fatras d'objets : bagages, piles de vêtements lâchés en vrac, posters, tapis… Il avait beau être large de trois mètres, il n'était pas facile d'y circuler. Ysée posa sa valise et se mit en quête d'un lit. Pas question de traîner ! Dans moins d'une heure, la directrice prononcerait son discours d'accueil dans la cour.

Penchée à la première des portes ouvertes, une élève de terminale leva la tête de sa valise et lui désigna le fond du couloir :

« Les chambres des secondes, c'est plus loin ! »

Ysée la remercia et avança plus loin. Les portes de couleurs vives se détachaient sur le mur crème en un effet vitaminé. Ysée n'osa pas toquer à celles qui étaient fermées. Elle se pencha dans l'embrasure d'une porte ouverte et demanda :

« Il y a un lit de libre ?

– Non, c'est réservé, désolée. »

Ysée poursuivit sa recherche :

« On est au complet.

– La dernière ne devrait pas tarder à arriver.

– Tu es allée voir juste à côté ? »

Les refus ponctuaient toutes ses tentatives. Ysée atteignit bientôt le mur du fond du couloir. La tristesse la submergea. Qu'allait-elle devenir si personne ne voulait d'elle dans une chambre ? Ses yeux la piquaient. Elle secoua la tête avec colère. Elle n'allait quand même pas pleurer comme une gamine !

Une main se posa sur son épaule en même temps qu'elle entendit Karvina lui dire :

« À notre tour ! Veux-tu que je t'aide à trouver une place ? »

Ysée se retint de lui répondre, le moindre mot risquant de déclencher ses larmes. Elle approuva d'un hochement de tête. Karvina se frotta les paupières :

« L'inconvénient de ce vieux château, c'est les courants d'air. J'ai toujours les yeux rouges. Ça ne te fait pas ça ? »

Les yeux de la gouvernante n'avaient pas l'air irrités du tout. Touchée par sa sollicitude, Ysée lui sourit et murmura :

« Si, moi, c'est pareil ! »

Karvina frappa à toutes les portes fermées. La première chambre regroupait quatre des filles qu'Ysée avait vu discuter avec Lally à l'aéroport. Lally n'était pas restée avec elles. La chambre était complète. À la suivante, le « toc toc toc » fut suivi par une exclamation enthousiaste :

« Entrez, entrez, dans notre nouvelle demeure ! »

Ysée crut reconnaître la voix de Lally. Un pas dans une pièce vaste et claire lui confirma son intuition. Aux côtés de Lally se tenait Jena, la belle Américaine aux dents plus blanches que blanches. Ce ne fut qu'après quelques secondes qu'Ysée repéra Joyce, assise en haut de l'un des lits superposés, le dos voûté, les jambes ballantes dans le vide. La fille au look gothique lui adressa un petit signe amical :

« Je vois que vous disposez d'une place de libre, constata Karvina. Ysée, tu veux t'installer ? »

Lally désigna le lit qui surplombait le sien :

« Bienvenue, Ysée. Je peux te laisser celui du haut, je supporte très mal l'altitude !

– Ça me va bien, répondit Ysée, je vais chercher ma valise et je reviens. »

Quand Ysée franchit à nouveau la porte, le soulagement la rendit légère. Elle avait enfin trouvé sa chambre et, comble de chance, elle la partageait avec cette fille qui lui semblait si sympa. Ysée se dirigea vers la grande fenêtre qui inondait la pièce de lumière. Elle découvrit une vue d'ensemble de l'avant du château, englobant la cour du lycée, les écuries et une portion du parc. Les bus avaient libéré la cour et s'étaient garés auprès de la grille d'entrée. Lally s'exclama :

« J'espère que vous ne souffrez pas d'insomnie. Parce que je dors la bouche ouverte et que, les nuits de pleine lune, vous risquez d'admirer le charmant spectacle de mon appareil dentaire ! »

Ysée sourit. Pas de doute, elle se sentirait bien ici.

Joyce descendit du lit d'en face, tira le rideau qui dissimulait deux lavabos, et s'approcha du miroir suspendu sur le mur. Un crayon de maquillage à la main, elle dessina une toile d'araignée sur son cou. Lally grimaça :

« Tu veux nous donner des cauchemars ou quoi ?

– Mais non, je me mets dans le ton ! Comme ça, je serai raccord avec les vieux murs et les fantômes du coin. Je me sentirai comme chez moi ! »

Jena s'exclama :

« Alors, rappelle-moi de ne jamais accepter d'invitation chez toi ! Les revenants poussiéreux, ce n'est pas vraiment mon truc. »

Au milieu des rires, Ysée ouvrit sa valise. En soulevant le rabat, elle laissa échapper un gémissement :

« Oh non ! »

Elle sortit du bagage une grande blouse fleurie taille 46. Un effluve d'eau de Cologne parfum chèvrefeuille s'envola dans la pièce. Elle constata dépitée :

« Je me suis trompée de valise ! »

À la vue du vêtement, Lally et Jena rirent de plus belle. Ysée, les mâchoires serrées, la respiration bloquée, lutta pour ne pas pleurer, pas question de montrer sa fragilité dès le premier jour !

Perdre son bagage était le pire de ce qui pouvait lui arriver. Dedans, elle transportait tout ce qu'elle possédait, y compris ses tenues d'équitation et ses nouvelles bottes de cuir qu'elle s'était offertes grâce à des mois d'économie d'argent de poche. Elle n'aurait jamais les moyens d'en acheter d'autres !

Dans le couloir, un appel de la gouvernante détourna l'attention des filles. Tous les élèves étaient priés de descendre dans la cour pour le discours d'accueil de la directrice.

Lally et Jena se dirigèrent vers la sortie. Joyce s'approcha d'Ysée :

« T'inquiète pas, tu la retrouveras. Je te prêterai des vêtements en attendant. »

Lally revint sur ses pas et posa une main sur le bras d'Ysée :

« Mais oui, tu pourras aussi choisir parmi mes habits. Ne te mets pas la tête à l'envers pour ça. Tu changeras de look pendant deux ou trois jours, voilà tout. »

Jena regarda la tenue colorée et tendance de Lally, le slim noir et le tee-shirt à tête de mort de Joyce puis les Converse-jean-veste d'Ysée. Elle s'esclaffa :

« Plus qu'un changement, ce sera un électrochoc de style ! »

5

Au pied !

Les élèves se tenaient debout dans la cour, face au perron où patientait l'équipe administrative et éducative du lycée. Lally se trouvait dans les premiers rangs, écoutant de la musique sur son téléphone portable. Ysée hésita un instant à la rejoindre. Elle ne voulait pas jouer le rôle de la fille pénible qui s'incruste. Mais le sourire que la jeune fille rousse lui adressa repoussa ses craintes. Pour obtenir le calme, la directrice s'éclaircit la voix en toussotant. Les conversations cessèrent peu à peu. Ysée donna un coup de coude à Lally :

« Tu ferais mieux de couper le son.

– Oui, tu as raison. »

Elle tâtonna à l'intérieur de la profonde poche de son gilet à la recherche de son appareil tactile. Du bout du pouce, elle crut éteindre la musique, mais celle-ci jaillit soudain du smartphone.

Trop pressée, Lally s'était trompée et l'avait basculé sur haut-parleur !

La jeune fille se dépêcha de couper le son et prit l'air le plus innocent possible quand le regard inquisiteur de la directrice balaya lentement l'assemblée des élèves dans un sens, puis dans l'autre. Cette dernière le fixa sur Lally avant de déclarer :

« Maintenant que l'une d'entre vous a daigné stopper ses efforts pour transformer la cour en piste de danse, je me présente : Mme Stample, directrice de Ghorse Highschool. Je vous souhaite la bienvenue et suis heureuse de vous accueillir ici.

Heureuse, la directrice n'en avait pas l'air ! Ses cheveux courts, son visage sévère et dépourvu de maquillage, son maintien rigide et sa tenue stricte, tailleur-pantalon noir, laissaient plutôt présager du contraire. Un seul élément contribuait à l'humaniser : à ses pieds se tenait assis un superbe lévrier écossais.

Lally esquissa une moue d'excuse, ôta les écouteurs de ses oreilles pour les enfouir dans sa poche. Elle était prête.

« Jeunes gens, jeunes filles, vous voici désormais élèves à Ghorse Highschool… »

Ainsi commença le discours de Mme Stample. Présentation des professeurs, explications sur l'enseignement, sur l'organisation du lycée et la participation des élèves pour les travaux de collectivité… La directrice n'omit aucun détail. Ysée écoutait attentivement quand soudain Lally lui chuchota à l'oreille :

« Tu as vu le chien ? Je te parie qu'il sera à mes pieds avant la fin de son discours. »

Ysée approuva en pointant son pouce en l'air.

Lally tira une chaîne de son cou et souffla dans un minuscule pipeau. Ysée comprit aussitôt de quoi il s'agissait : un sifflet à ultrasons dont seuls les animaux percevaient le bruit. Les oreilles du chien se dressèrent, mais il resta assis. Un brutal regain de dynamisme dans la voix de la directrice éveilla l'attention d'Ysée :

« Bien évidemment, parvenir à ces objectifs ambitieux nécessite quelques sacrifices. Chaque lundi matin, vous nous remettrez donc vos téléphones et tablettes informatiques qui vous seront restitués le vendredi soir. Dans le même esprit, l'accès à Internet sera bloqué toute la semaine, à l'exception des postes du centre de documentation, réservés aux recherches.

Un brouhaha s'éleva dans les rangs. Pas de mobile et pas d'Internet ? Ce retour au temps des Cro-Magnon provoquait l'indignation. Ysée grimaça un peu, histoire de faire comme les autres. Mais en réalité, cela ne la gênait pas beaucoup. Elle n'était pas adepte des réseaux sociaux, elle ne côtoyait pas ses camarades de classe en dehors du collège, et ses échanges d'e-mails avec sa mère et Béa attendraient sans problème le week-end.

Il en allait tout autrement pour Lally qui grommela :

« C'est une vraie tortionnaire, cette directrice. Comment vais-je faire pour suivre les Instagram de mes stars préférées ?

Et mettre à jour ma page *social life* ? Comment vais-je survivre à ça ? C'est horrible… »

Elle démêla les fils des écouteurs de son smartphone en continuant de maugréer :

« Je ne me rappelle même plus si j'ai pris mon vieux MP3 pour écouter de la musique. »

Du haut du perron, Mme Stample coupa court aux plaintes et aux revendications :

« Bien entendu, toute personne qui estimerait ces règles trop strictes reste libre de rentrer chez elle. Y a-t-il des volontaires ? »

Un grand silence plana sur l'assemblée. Instinctivement, Ysée tendit la main pour caresser le chien. Ce n'est qu'à ce moment qu'elle se rendit compte qu'il se tenait là, assis à ses pieds. Lally avait réussi son pari !

Personne n'ayant manifesté son souhait de partir, la directrice poursuivit son discours.

Au bout d'un moment, l'attention d'Ysée vagabonda pour s'attacher aux bruits de fond : le piaillement des oiseaux du parc, une fenêtre du premier étage qui grinçait dans un courant d'air, les jurons étouffés des ados agressés par les insectes et surtout les hennissements qui résonnaient depuis l'écurie.

Ses pensées s'envolèrent ; elle espérait que les chevaux de l'école seraient aussi sympas à monter que Flibustier ! Elle avait hâte de les voir !

« Aïe, mais qu'est-ce que… »

Ysée se tourna vers Lally qui venait de lui donner un coup de coude dans les côtes. Au même moment, elle se rendit compte que la directrice l'interpellait à grand renfort de « Mademoiselle » exaspérés. Elle leva les yeux vers le perron où se tenait Mme Stample qui lui lança :

« Oui, vous, jeune fille ! Vous viendrez m'expliquer la raison de la présence de mon chien Tidoy à vos pieds. »

Quelques murmures bruissèrent dans l'assemblée tandis que le rouge montait aux joues d'Ysée. Lally s'avança, mais Ysée chuchota :

« Après la musique de ton téléphone, tu ferais mieux de jouer profil bas. Je ne risque rien, ne t'en fais pas. »

Lally afficha un air mêlant surprise et reconnaissance. Ysée s'en réjouit. Combien de fois avait-elle lu des romans qui commençaient comme ça ? Deux filles qui ne se connaissent pas, l'une qui sauve la mise à l'autre, cette dernière qui la remercie et hop ! le début d'une amitié à toute épreuve. Si seulement ce mode d'emploi pouvait s'appliquer dans leur cas !

Les ultimes mots du discours résonnèrent dans la cour :

« Je vous souhaite un excellent séjour à tous et je compte sur vous pour me rendre fière de cet établissement ! »

Habituées à cette cérémonie, les terminales et les premières se dispersèrent rapidement. Avant de passer la porte du bâtiment, les élèves collèrent une étiquette à leur nom sur leur portable, puis, ils le glissèrent dans le panier prévu à cet effet.

Quand Ysée s'approcha de Mme Stample, la directrice lui désigna le panier :

« Avant tout, déposez votre portable.

– Je n'ai pas de téléphone, répondit Ysée.

– Comment vous appelez-vous, jeune fille ?

– Ysée Brumedor.

– Ysée, ne jouez pas à la maligne avec moi ! »

Ysée soutint le regard de Mme Stample. Elle savait que ne pas posséder de téléphone faisait d'elle un ovni. Et, pourtant, c'était la vérité. Ce que la directrice lut dans ses yeux sembla la convaincre. Elle dit d'une voix sèche :

« Bien, suivez-moi. »

Un hennissement résonna. Ysée obéit. Elle était réservée, mais elle n'avait jamais eu peur de l'autorité des adultes. Les chevaux se tenaient là, tout proches. C'était pour eux qu'elle était venue jusqu'ici. Le reste n'avait pas d'importance.

6
L'aveu

Dans le hall de l'administration, une grande toile occupait le mur. Elle représentait un cavalier, debout près de sa monture. Le cheval était couvert d'écume, ses naseaux démesurément ouverts. Ses yeux fous témoignaient de la violence de l'effort que son maître avait exigé de lui. L'artiste avait saisi de biais le regard de l'homme. Menton dressé, mâchoires serrées, le cavalier incarnait l'ivresse de la puissance. À ses pieds, il tenait en laisse un lévrier.

Mme Stample désigna la peinture :

« On a retrouvé cette toile, roulée dans une cheminée, lors du chantier de réhabilitation du château. Impressionnant, n'est-ce pas ? »

Ysée hocha la tête. Elle qui s'attendait à un long sermon de Mme Stample hésitait entre surprise et inquiétude. Cette dernière donna une caresse à son chien puis reprit :

« Dites-moi, Ysée, pourquoi avez-vous appelé mon chien ? Aviez-vous une idée en tête ?

– Non, il est très beau. »

Un silence s'invita entre elles deux. Mme Stample le brisa :

« Que pensez-vous de ce tableau ?

– Je pense que l'homme a trop exigé de son cheval. Il devrait être condamné à aller à pied. »

La directrice lui lança un drôle de regard :

« Le dîner ne va pas tarder, remontez vite finir de vous installer. »

La jeune fille ne se fit pas prier. Elle parcourut le couloir en sens inverse et s'engagea dans l'escalier. Elle n'aurait jamais cru s'en tirer à si bon compte : non seulement elle n'avait pas eu à mentir pour protéger Lally, mais, de plus, Mme Stample s'était révélée beaucoup moins sévère qu'elle en avait l'air.

À peine Ysée avait-elle abordé le palier du deuxième étage que Blaise surgit du couloir des garçons :

« Alors ? Raconte ?

– C'était rien, elle voulait juste savoir ce que je voulais à son chien.

– C'était rien ? s'écria Blaise. Ysée, tu as réussi le défi ultime : visiter le bureau de la directrice dès le premier jour ! »

Ysée haussa les épaules en riant :

« C'était bizarre, elle m'a parlé d'un grand tableau accroché devant son bureau. »

Blaise fronça les sourcils d'un air comique :

« Hum, hum, parle-moi de ce tableau… Quelle symbolique dissimule-t-il ? »

Son cinéma arracha un petit rire à Ysée, mais elle n'avait pas le cœur à rentrer dans son jeu :

« J'ai perdu ma valise. Je suis repérée par la directrice. Et je n'ai même pas eu le temps de passer voir les chevaux. Alors tu sais, la symbolique du tableau, c'est le cadet de mes soucis.

– Eh ! ne t'inquiète pas, répondit Blaise, soudain sérieux. Ta valise, ils vont remettre la main dessus. Les chevaux, tu les découvriras à la visite de l'écurie programmée demain matin. »

Il poursuivit en retrouvant son sourire moqueur :

« Et la directrice deviendra peut-être ta meilleure copine ! Allez, je suis galant, je t'accompagne jusqu'à ta chambre !

– Tu es galant ou curieux de voir comment sont les chambres des filles ? »

Blaise se pencha en une belle révérence et, d'un large mouvement du bras, l'invita à le précéder dans le couloir des filles :

« Galant et curieux, ce sont là deux de mes trop nombreuses qualités ! »

Ysée marcha jusqu'à la porte bleu ciel du fond du couloir :

« Toc toc, vous êtes présentables, les filles ? Blaise est avec moi ! »

Ysée vit la porte s'ouvrir à la volée. Une seconde après, elle se trouvait comprimée dans les bras de Lally. En comptant l'au revoir de Béa, voilà deux fois qu'on la serrait comme ça en moins de deux jours ! Mais cette fois-ci, le contact ne la gêna pas :

« Merci, merci, merci, merci ! s'écria Lally. Tu m'as sauvé la vie. Mais qu'est-ce qui t'as pris de te dénoncer comme ça ? Dire que j'aurais pu écoper d'heures de colle dès le premier jour. Si jamais mon père avait appris ça… Comment pourrais-je te remercier ? J'espère au moins que la vieille peau t'a épargnée ? Si elle a été trop sévère, je t'assure que je…

– Stop ! hurla Blaise. Il y a urgence : Ysée est en train de virer au bleu. Si tu continues à l'écrabouiller, elle se transformera en fantôme et elle viendra hanter toutes tes nuits passées au château ! »

Lally s'écarta pour observer le visage d'Ysée avec attention. Aucune tache bleue à déplorer, mais plutôt des joues cramoisies ! Elle tira Ysée à l'intérieur de la chambre.

Blaise se glissa derrière elles, s'arrêta au milieu de la pièce et siffla :

« Nos chambres ressemblent aux vôtres, mais nous, on n'a pas des affiches de trois mètres de long ! »

Il désignait une photo panoramique fixée au-dessus du lit de Jena. Elle représentait une étagère couverte de coupes et de médailles. Depuis la chaise de bureau où elle se tenait assise, Jena expliqua :

« C'est mon père. Je ne pouvais pas emporter tous mes trophées dans ma valise. Alors, il a pris l'étagère de ma chambre en photo et il me l'a offerte avant de partir.

– Avec ça, on est prévenu… Tu dois être une sacrée championne ! »

Jena afficha une moue modeste, mais ses yeux parlaient pour elle. L'équitation était toute sa vie et elle y consacrait son énergie depuis toute petite. Elle avait bien l'intention de continuer à enchaîner les succès !

Blaise croisa les bras et interpella Lally :

« Pourquoi as-tu tenté d'étouffer Ysée ? »

Ysée et Lally échangèrent un regard complice et cette dernière expliqua la situation :

« C'était courageux de te dénoncer à la place de Lally, approuva Jena, mais inconscient aussi.

– Bah ! Ce n'était rien. J'ai fait bien pire pour arriver ici ! » s'exclama Ysée en haussant les épaules.

Aussitôt, trois visages curieux se tournèrent vers elle et la jeune fille regretta d'avoir parlé trop vite. Ses camarades ne la laissèrent pas se défausser :

« Allez, supplia Lally, tu en as trop dit !

– Ce que tu diras ne sortira pas de cette pièce », promit Blaise.

Ysée soupira. En quelques mots, elle raconta l'histoire du certificat médical qu'elle avait falsifié pour être autorisée à monter.

Blaise posa un genou à terre devant elle :

« Permettez que je m'incline devant vous, gente dame. Vous assumez la sanction d'une faute que vous n'avez pas commise et étoffez votre casier d'infractions aussi terribles que le faux et usages de faux… Chapeau bas. »

Joyce entra dans la chambre et s'immobilisa une seconde, le temps de comprendre la scène qui s'y déroulait. Sous ce regard neuf, Ysée rougit et s'écria :

« Arrête, Blaise ! Le seul truc de spécial que j'ai fait, c'est de me tromper de valise. Quand je me promènerai en blouse à fleurs, j'aurais moins l'air d'une gente dame ! »

Blaise se releva et, après un salut grandiloquent, quitta la chambre des filles en murmurant :

« La valise, la valise… que faire pour la valise ? »

Le calme revint dans la pièce. Lally et Joyce rangèrent leurs affaires dans l'armoire qui leur était attribuée. Elles proposèrent une tenue pour la nuit à Ysée. Entre le sweat-caleçon noir de Joyce et le tee-shirt XL décoré d'une licorne, Ysée opta pour la licorne. Jena qui avait déjà rangé ses vêtements sortit un petit carnet du tiroir de son bureau. Elle se pencha sur la première page.

Curieuse, Lally demanda :

« Qu'est-ce que tu fais ? »

Sans lever les yeux de son carnet, Jena répondit :

« Je note les infos données pendant le discours ; ça peut toujours servir. »

Bouche bée de stupéfaction, Lally s'extasia :

« Eh, les copines ! Je crois que la fille la plus sérieuse du monde habite dans notre chambre. C'est pas génial, ça ? »

Jena continua à écrire. Mais ses notes ne concernaient pas l'organisation du collège. Tout en haut de la page, elle avait noté « Ysée ». Juste en dessous, elle ajouta la mention « faux certificat médical pour la rentrée ». Jena referma le carnet et le glissa dans le tiroir qu'elle verrouilla. Son père lui avait conseillé de garder en mémoire toute information susceptible d'être intéressante. Il répétait souvent que « l'information, c'est le pouvoir ». Son père avait toujours raison.

Joyce et Lally se redonnèrent un coup de brosse devant les lavabos.

Ysée les observait, un sourire inconscient sur les lèvres. Lally s'était exclamée : « Eh, les copines » en s'adressant à elle. Il ne s'agissait que d'une expression, mais elle ne pouvait s'empêcher de se réjouir. Qui sait, peut-être que bientôt, la formule deviendrait réalité ?

7

Au grenier

Poulet-frites, pas mal pour un menu de rentrée !

Accoudée à la fenêtre de la chambre, Ysée repensa au dîner. Au centre de la grande table, Lally avait discuté avec ses copines de l'aéroport. Ysée s'était trouvée gentiment repoussée au bout, à côté de Joyce. Puis Blaise s'était installé près d'elles, avec Lukas et Markus. Venus tout droit de Norvège, Markus avait un physique taillé à la serpe, format viking, tandis que Lukas, de taille moyenne, avait hérité des traits asiatiques de sa mère. Passionné de musique, ce dernier avait parlé avec Joyce de rock, d'électro et de slam. Blaise avait plaisanté avec Markus durant tout le repas. Ysée s'était contentée d'écouter, jetant parfois un regard d'envie vers les filles entourant Lally un peu plus loin.

Ysée tourna la tête en entendant Jena et Lally lister les garçons qu'elles avaient repérés : les mignons, les sympas, les taciturnes. Encore une fois, Ysée n'osa pas se mêler à la conversation. Elle avait la curieuse impression de ne pas partager le même monde que les autres filles. Le soleil commençait à baisser à l'horizon, mais une partie de la lande continuait d'être éclairée. Ysée inspira l'air chaud de cette fin d'été. Elle écouta les chevaux qui se répondaient d'un box à l'autre. Elle crut percevoir l'appel d'un étalon, plus loin, vers les collines. Elle se retenait d'attraper sa couette pour aller dormir dans le foin de l'écurie.

« Entrez ! »

La voix de Joyce tira Ysée de sa rêverie. Quelqu'un avait frappé à la porte. Karvina entra :

« Voilà ce que je t'ai trouvé, Ysée. »

Elle déposa quelques vêtements sur le bureau de Lally et déplia une chemise de nuit blanche bordée de fleurs et de dentelles :

« Pour dormir ce soir. »

Puis la gouvernante ajouta :

« Ne t'inquiète pas, Ysée, c'est l'affaire de quelques jours pour que ta valise regagne Glasgow.

– Merci pour votre aide, Karvina, s'exclama Ysée.

– De rien. On a également un pantalon d'équitation, mais c'est tout. Pour le reste, j'ai bien une idée, mais… »

Après une hésitation, Karvina poursuivit :

« Bon, je t'explique : les uniformes ont été supprimés il y a cinq ans, nous les avons stockés au grenier, je pense qu'ils y sont toujours. »

Le mot « grenier » retint l'attention d'Ysée. La perspective de visiter les combles du vieux château s'avérait alléchante ! Elle s'étonna :

« On irait les chercher au grenier ? Maintenant ? »

Se méprenant sur la réaction de la jeune fille, la gouvernante répondit :

« Tu sais, ne te sens surtout pas obligée, Ysée.

– Non, non ! la rassura Ysée. J'ai l'habitude d'acheter des vêtements d'occasion, ça ne me changera pas beaucoup !

– Et puis tu pourras les associer aux habits qu'on te prêtera, ajouta Lally. Avec ça, tu seras la fille la plus lookée du lycée !

– Alors, on y va ? »

La question de Joyce fut suivie d'un silence. Jena, Joyce, Lally et Ysée attendaient la réponse de Karvina. L'opportunité de visiter le grenier ne se représenterait peut-être pas deux fois. La gouvernante jeta un œil à sa montre :

« Nous avons juste le temps. »

Lally réprima une exclamation de joie. Joyce glissa de son lit. Jena enfila un vieux sweat. Ysée remplaça ses chaussons par des chaussures. Une minute plus tard, la petite troupe sortait dans le couloir.

Guidées par Karvina, les filles marchaient dans le château en chuchotant. Elles descendirent l'escalier principal, traversèrent le rez-de-chaussée jusqu'à rejoindre l'aile du réfectoire. Au fond des cuisines, une porte dissimulait un escalier en colimaçon. Karvina les entraîna dans l'ascension.

Cette partie du château n'avait fait l'objet que d'une réhabilitation minimale. Certaines marches, dont le bois s'était fragilisé au fil des ans, avaient été recouvertes par d'épaisses planches de chantier. Les murs étaient de granit sombre. Chaque palier s'ouvrait sur de longs couloirs abandonnés. Arrivé au dernier étage, le groupe se rassembla devant une grossière porte de chêne. Dehors, le vent s'était levé. Les filles entendaient les tuiles gémir sous l'assaut des bourrasques. Derrière la porte, craquements et grincements s'accordaient en un concert inquiétant. Lally grimaça :

« Karvina, vous êtes sûre qu'on ne va pas se trouver nez à nez avec une colonie de fantômes ? Tout ce bruit… c'est effrayant ! »

La gouvernante lui adressa un sourire difficile à interpréter :

« Nous sommes dans un des plus vieux châteaux des Highlands. Bien sûr qu'il y a des fantômes ! »

Les filles la dévisagèrent. Karvina semblait tellement sérieuse ! Elle poursuivit :

« Mais le fantôme auquel je pense préfère passer ses nuits sur la lande. Le grenier est tranquille, à cette heure-ci.

– De quel fantôme parlez-vous ? demanda Ysée.

– Je ne suis pas la plus douée pour vous conter sa légende ; et ce n'est ni le lieu ni le moment.

– Ah, non alors ! Ne nous faites pas ce coup-là, Karvina, protesta Joyce. On va rester éveillées toute la nuit à imaginer les pires histoires de revenants, version film d'horreur. Et vous serez la seule responsable de notre insomnie ! »

Karvina eut un petit rire :

« D'accord. Je vous raconterai cette histoire lorsque nous serons de retour dans la chambre. Pour l'instant, nous sommes venues chercher un uniforme. »

Elle appuya sur la poignée de la porte de bois qui s'ouvrit en grinçant.

Le grenier, éclairé par une ampoule nue fixée à une poutre, ressemblait à celui d'une maison de famille. Sa charpente était formée de troncs massifs, pas tout à fait droits, pas complètement écorcés. Ils évoquaient ces arbres qui se courbent pour lutter contre le vent. Cette charpente reflétait la vie dure et sauvage de l'Écosse.

Sur le sol s'entassait un bric-à-brac, véritable paradis de décorateur de cinéma : des livres, des meubles, des caisses, une montagne de vieilles clés rouillées, des outils aux manches cassés…

« Regardez ! s'exclama Jena en pointant son doigt vers le faîtage, il y a même une robe de mariée ! Je me demande comment ils ont réussi à l'accrocher là ! »

Ysée observait autour d'elle en silence. Cet endroit lui plaisait ! Elle avait l'impression que les objets rassemblés ici attendaient qu'elle s'installe dans l'un des fauteuils de cuir éventré pour lui conter leur existence :

« Mesdemoiselles, voici les cartons d'uniformes. »

Lally poussa un petit cri d'excitation à l'idée de ce qu'elle allait découvrir. Elle et Joyce s'agenouillèrent et commencèrent à en explorer le contenu.

La jeune fille rousse tendit un vêtement à Ysée :

« Tiens, un pull qui devrait être à ta taille. »

Ysée le déplia ; il était tout déformé. Aidée de Joyce, Lally continua de chercher, éliminant les pièces trouées, déchirées ou abîmées par le temps. Elle finit par dénicher une panoplie complète de pull, de jupe et de chemisier en bon état :

« Je les laverai ce soir, décréta Karvina. Demain, cette tenue sentira l'assouplissant "Fleur des champs" » !

Ysée la remercia d'un sourire :

« Allez, mesdemoiselles, en route ! Si vous souhaitez entendre mon histoire de fantôme avant l'extinction des feux, il est grand temps de rejoindre votre chambre ! »

Lally éteignit la lumière. Ysée ouvrit la fenêtre pour laisser entrer les odeurs et les bruits de la nuit.

La gouvernante s'installa sur la chaise du bureau d'Ysée.

Un hennissement retentit dehors dans le lointain. Des juments de l'écurie lui répondirent :

« C'est lui ! annonça Karvina.

– Qui, lui ? demanda Jena.

– Chut ! râla Joyce, laisse Karvina nous raconter… »

La gouvernante se tut un instant, puis elle se lança :

« Il était une fois, il y a plusieurs siècles, un jeune homme à l'orgueil démesuré vivait dans ce château. Il n'était jamais satisfait et aimait humilier les plus faibles. Un jour, une jument de son écurie mit bas un poulain comme on n'en avait jamais vu par ici. Grand, mince et musclé, il ne ressemblait pas aux chevaux trapus et rustiques élevés sur ces terres. Lorsqu'il fut en âge d'être dressé, il dépassait toutes les montures et il n'avait pas encore achevé sa croissance. Mais sa taille n'était pas sa seule particularité. »

Karvina se tut un instant. Les filles ne bougèrent pas. Pelotonnées dans leur lit, elles attendaient la suite :

« Le jeune étalon portait la marque d'une sauvagerie inconnue. Même le palefrenier qui s'en occupait hésitait à le toucher. Dans son regard brûlait une flamme qui ne s'éteignait jamais. Un colporteur, qui depuis des décennies allait de château en château pour vendre sa marchandise, rapporta qu'il avait déjà vu cette étincelle dans les yeux d'un loup tenu en captivité. La flamme qui embrasait les yeux de l'animal était celle de la soif de liberté. Le maître du château entendit les dernières phrases du vieux colporteur : "Jamais il ne cédera à la volonté d'un homme, jamais il n'acceptera de se soumettre à un maître" ».

Un nouveau hennissement retentit. On aurait dit qu'il s'était rapproché. Mais n'était-ce pas plutôt le vent ? Ysée sentit son cœur s'accélérer. L'histoire de Karvina n'était qu'un conte, elle le savait. Et pourtant, elle avait envie d'y croire. La gouvernante poursuivit :

« Le maître décida de relever le défi, persuadé de pouvoir mater l'animal. Mais toutes ses techniques de dressage échouèrent. Et, plus l'animal résistait, plus l'homme sentait monter en lui l'envie de le dompter. Il ne pensait plus qu'à briser sa volonté. Un matin, il choisit huit de ses gens parmi les plus robustes et il leur ordonna d'attacher le cheval : deux cordes autour du cou, deux autres sur l'abdomen, quatre pour chacun de ses membres. Il ne fallut pas moins d'une journée et d'une nuit entière avant de réussir à entraver l'étalon. L'animal était épuisé, couvert de sueur. La peur se lisait dans ses yeux. L'homme, reposé par sa nuit de sommeil, le fixa du regard avec morgue. Il méprisait déjà la bête qu'il estimait battue. Il grimpa sur son dos sans provoquer de réaction. Les serviteurs relâchèrent les cordes avec précaution. C'est alors que l'étalon s'emporta. Il partit au galop, tirant derrière lui les quatre palefreniers qui tenaient encore bon. Quand il sauta par-dessus une barrière, il n'y eut plus que le maître du château, accroché à sa crinière, qui hurlait de terreur. Incapable de mener le destrier, il se laissa porter jusqu'à ce que le cheval en eût assez. L'animal se cabra. Désarçonné, son cavalier tomba dans un buisson de ronces et d'orties. L'étalon continua à galoper, traînant le reste des cordes dans son sillage. »

Le silence envahit la chambre. Les filles retenaient leur souffle :

« Après cette chute, l'homme n'eut qu'une seule obsession : se venger. Il recruta des chasseurs, promit une récompense, et sillonna lui-même les landes et les collines pour débusquer l'étalon qui l'avait humilié. Le cheval fut retrouvé quelques jours plus tard, les cordes emmêlées dans un bosquet de jeunes chênes. L'homme fit enfermer l'étalon dans une petite pièce du château. Il s'agissait plutôt d'un couloir, sans fenêtre, et si étroit que l'animal ne pouvait même pas s'y retourner. Une fois la porte refermée, l'homme ordonna qu'elle soit murée. Le cheval mourut ainsi, de faim et de soif, seul et privé de sa liberté. Depuis, l'étalon revient parcourir la lande sous la forme d'un fantôme que les gens d'ici appellent « Ghorse ». Voilà d'où viennent les hennissements qui déchirent la nuit. Ghorse s'approche parfois du bord du loch pour s'y désaltérer. Léonard – le palefrenier que vous avez peut-être aperçu – l'a même déjà croisé dans les écuries du lycée. On raconte qu'aucune monture ne peut courir plus vite que lui et qu'il ne se montre qu'aux cœurs purs. Et maintenant, mesdemoiselles, je vous souhaite une belle nuit ! »

Karvina s'éclipsa sans bruit. Jena et Lally chuchotèrent encore un moment. Joyce plaqua son casque de musique sur ses oreilles. Ysée s'endormit, bercée par le son sourd d'un étalon martelant la lande de ses sabots.

8
Dans l'écurie

Enfin ! Le moment qu'Ysée attendait depuis son réveil était venu. Les volontaires de terminales, chargés de faire visiter les écuries aux nouveaux arrivants, terminaient leur petit déjeuner. Les élèves de seconde étaient déjà retournés dans les chambres pour finir de se préparer.

En avance, Ysée se hâta vers les box. Elle portait un chemisier d'uniforme sous un pull à col V. Le pantalon, trop large pour elle, était ceinturé avec un foulard. La fraîcheur du matin ne tarderait pas à se dissiper. Ysée n'avait donc pas hésité à rester pieds nus dans ses baskets de toile. En temps normal, jamais elle n'aurait osé sortir dans un tel accoutrement, mais son envie de voir les chevaux avait été plus forte. Elle entra dans l'écurie d'un pas vif :

« J'ignorais que le lycée hébergeait des clochards ! »

Ysée ne comprit pas tout de suite que cette remarque acerbe s'adressait à elle. En se retournant, elle découvrit Alyson. Ysée ne fut guère surprise. En la mouchant à l'aéroport, elle avait bien senti qu'elle s'exposait à des représailles. L'assaillante souriait fièrement, encadrée de ses deux copines, Tracy et Pearl.

Ysée haussa les épaules et se dirigea vers le box. Comme elle se détestait de ne pas trouver la bonne repartie ! Quand on l'agressait, elle ne savait jamais que répondre alors qu'elle montait au créneau sans même y penser s'il s'agissait de se porter au secours de quelqu'un d'autre.

L'arrivée d'un professeur interrompit ses pensées :

« Mesdemoiselles, messieurs, je suis M. Keating, professeur d'équitation ; aujourd'hui, nous commençons par la visite des écuries. Veuillez vous répartir en quatre groupes. Deux élèves de terminales vous prendront en charge. Je vous conseille d'écouter avec attention leurs consignes. À l'issue de cette matinée, je les considérerai comme acquises. Bien compris ? »

Les secondes opinèrent. Ysée, Lally, Jena, Joyce, Blaise, Markus et Lukas se mirent ensemble. Leurs guides, Fanny et Geoff, démarrèrent la visite par le tableau de réservation des montures. Il comportait autant de colonnes que de chevaux. Les créneaux horaires des différents jours formaient les lignes :

« Pour choisir votre monture, il suffit de noter votre prénom dans la bonne case. Mais attention ! M. Keating et Mme Polsh, la prof de voltige, vérifient que vous en changez régulièrement. Chaque trimestre, vous devez avoir monté au moins deux fois chacun des chevaux. Et il est interdit d'enchaîner deux séances de suite avec la même monture.

– Mais s'il n'y a plus que cette place dans le tableau ? demanda Markus.

– On s'arrange.

– Sinon ?

– Sinon, les profs décident de la répartition pour tout le reste du trimestre, y compris pour les sorties du week-end. Autant vous dire qu'on parvient toujours à trouver une solution ! »

Ysée regarda le tableau en fronçant les sourcils. Geoff s'étonna :

« Il y a quelque chose que tu ne comprends pas ?

– Oui, répondit-elle, pourquoi est-il nécessaire de changer de monture ? Ça n'a pas d'intérêt. »

Geoff échangea un sourire avec Fanny et tous les deux récitèrent en chœur :

« Ici, on apprend à monter À cheval, pas UN cheval ! »

Devant l'air ahuri des secondes, Geoff expliqua :

« C'est un adage maison que nous rabâche M. Keating à longueur de temps. Dans le genre, il a un second mantra : "La quiétude fait le nid des mauvaises habitudes !"

– C'est logique, acquiesça Markus, un cheval ne doit pas obéir par affection pour son cavalier, mais parce qu'il a été correctement dressé et qu'il est bien mené.

– Et un cavalier doit savoir monter tous les chevaux, compléta Lukas, ceux qu'il apprécie comme les autres, parce que c'est la preuve qu'il a appris le métier. »

Ysée secoua la tête, une moue dubitative sur les lèvres. Elle ne partageait pas le point de vue défendu par Markus et Lukas. Monter à cheval n'était pas qu'une affaire de technique. Sinon, elle qui n'avait jamais pris un seul cours d'équitation n'aurait jamais réussi à intégrer ce lycée. Leur raisonnement esquivait la vraie question : pourquoi une bête tout en muscle d'une demi-tonne laisserait son cavalier lui grimper dessus si elle n'avait pas envie de lui faire plaisir ?

Le tour des écuries se poursuivit par les présentations des chevaux. Impossible de mémoriser tous leurs noms tant ils étaient nombreux. Ysée retint d'éviter Oural, au moins dans les premiers temps. Aux dires des terminales, cet étalon s'entraînait pour le championnat du monde de cavalier à désarçonner.

À l'opposé, Redsky était la jument préférée de beaucoup des élèves du lycée : toujours pleine d'allant, obéissant au moindre mouvement de jambe, elle concourait dans la catégorie « monture parfaite ».

Ysée ne s'attarda pas. Dans le box jouxtant celui de Redsky, elle venait de repérer une jument de race Akhal-Teke. La magnifique bête l'accueillit avec un hennissement inquiet. Les oreilles penchées vers l'arrière, elle se tenait sur ses gardes. Geoff la désigna à distance :

« Voici Wifi, la jument de la directrice. Soyez prudents, elle a des réactions imprévisibles ! Son propriétaire l'a abandonnée dans un champ alors qu'elle n'était qu'une pouliche. Elle a survécu, mais elle est restée méfiante et plutôt sauvage. »

Les présentations se poursuivirent jusqu'au milieu de la matinée. À en croire le tableau déjà complété par les terminales, Mister Mind, Wind, Tyslo, Falko et Nuts avaient la cote. En les voyant, Ysée s'expliqua mieux leur succès : ils avaient l'air de chevaux simples et agréables à monter. En arrivant au box de Pop Corn, Geoff invita les élèves à s'aligner en rang devant la porte. Pop Corn leur tournait le dos jusqu'à ce que, d'un grand coup de queue, il balaye l'assemblée du bout de ses crins. Quand il se retourna, la satisfaction se lisait dans ses yeux. Geoff précisa :

« Pop Corn, le plus facétieux de tous. Chaque année, il accueille les secondes avec sa fameuse plaisanterie du coup de queue. Méfiez-vous, il a des tonnes de blagues en réserve… Il aime faire tourner ses cavaliers en bourrique ! »

Le groupe repartit vers la sellerie. Ysée aperçut Lally qui s'éclipsait discrètement dans la cour. Quelques secondes plus tard, elle la vit revenir l'air ravi, avec Tidoy, le chien de Mme Stample, sur les talons.

Ysée resta en arrière pour se glisser dans le box de Pop Corn. Elle tapota son encolure et il inclina la tête vers elle :

« Alors comme ça, tu es un cheval qui a le sens de l'humour ? Je sens qu'on va bien s'entendre, tous les deux. »

Le cheval la poussa gentiment avec sa tête :

« Tu as raison, il faut que j'y aille ! »

Lally s'était attardée pour retrouver Ysée. Alors qu'elles rejoignaient le groupe, Lally chuchota :

« Tu as pris l'avion avec le grand gars là-bas, celui qui est de corvée d'écurie ?

– Oui, il s'appelle Romain.

– Dis, tu voudrais bien me le présenter, comme ça, par hasard, juste en passant ? »

Ysée lui jeta un regard interrogatif. Lally adopta un ton suppliant :

« Oh, s'il te plaît, il est tellement beau, je craque !

– D'accord, accepta Ysée, mais pour que le hasard fasse bien les choses, il faudrait que la visite se termine là où il travaille.

– Ce ne sera pas un problème, c'est le dernier paddock. Il est immense et il est situé à l'écart. »

D'un sourire, Ysée scella leur accord. Cette connivence toute nouvelle plaisait à cette grande solitaire. Toutes deux pénétrèrent dans la sellerie. La salle était gigantesque. De larges poutres de bois fixées au mur supportaient les selles des montures de l'écurie. À côté, les filets pendaient sur un crochet. La cloison d'en face se trouvait couverte de casiers sans porte, garnis de coffrets en plastique. Geoff précisa :

« Voici vos boîtes. Comme vous le constatez sur les étiquettes, il y en a une pour chaque élève, elles sont rangées par ordre alphabétique. Brosse, cure-pieds, couteau à chaleur… le contenu doit être nettoyé et stocké ici tous les soirs. Prenez-en soin, et si vous voulez éviter que M. Keating vous passe un savon, mieux vaut user vos brosses d'ici la fin du trimestre. »

Ysée sortit sa boîte de son étagère. Une fois soulevé, le couvercle dévoilait deux compartiments garnis du matériel nécessaire à l'entretien de sa monture. L'ensemble sentait le neuf :

« Et voilà pour le tour des écuries. Vous avez des questions ? »

Lally leva la main :

« Le paddock du fond, là-bas, on n'y va pas ?

– Si, mais seul celui de corvée d'écurie a le droit d'y entrer. Il est ouvert sur le box des Przewalski, des chevaux sauvages de Mongolie dont la race existait déjà à la Préhistoire ; maintenant, quartier libre pour terminer la visite. Ceux qui veulent découvrir les manèges me suivent. Il y a aussi des carrières dans le parc, mais on ne s'y rendra pas aujourd'hui, faute de temps. »

9

Léonard

Lally retint Ysée par le bras et elles s'avancèrent vers le paddock des chevaux préhistoriques. Jena et Joyce préférèrent poursuivre la visite avec les terminales.

Arrivée devant l'enclos, Lally eut une moue de dépit. Romain était parti après avoir achevé le nettoyage de la litière.

Ysée n'y porta pas attention. Jamais elle n'avait vu de chevaux comme ceux-ci. Tous arboraient une ligne claire sur le dessus de la croupe qui descendait jusqu'à la queue. Leur crinière courte se dressait en brosse au-dessus d'une encolure épaisse. Ils dégageaient une force et une puissance incroyables. Accoudée à la palissade, Ysée tendit la main vers eux. Les chevaux n'esquissèrent pas un mouvement. C'est à peine si elle repéra un coup d'œil dans sa direction. Contrairement aux autres chevaux, leurs yeux n'étaient pas placés sur les côtés, mais plutôt en hauteur. Ils la surveillaient à la dérobée. Elle se pencha par-dessus la barrière. Obéissant à l'ordre imperceptible de leur meneuse, la horde recula de quelques pas. Une voix furieuse interpella Ysée :

« Mais qu'est-ce que tu fabriques ? Enlève-toi de là, malheureuse ! »

L'homme surgit au coin du paddock d'en face. Geoff et Fanny avaient fait une description si détaillée du palefrenier aux grosses moustaches que les filles le reconnurent sans même l'avoir jamais vu. Vêtu d'un pantalon en toile brute et d'épaisses chaussettes, équipé d'une antique parka cirée, cet homme au visage bourru, aux yeux bleus et aux cheveux blancs ne pouvait être que Léonard, le responsable de l'écurie. Il grogna :

« N'approchez pas des Przewalski, vous risquez de ficher par terre tout le boulot que je mène avec eux. »

Lally lui adressa un sourire charmeur :

« On ne les embête pas, monsieur, on les admire. Ils sont tellement beaux, pas vrai ?

– D'abord, je ne suis pas un "monsieur". Je suis Léonard, ne t'avise pas de m'appeler autrement. Ensuite, beaux ou pas beaux, ce n'est pas le problème. Et puis, tu aurais pu réfléchir avant d'amener le chien ici ! »

Lally chercha Tidoy du regard. Le chien s'était glissé dans le paddock, au milieu des Przewalski. Chien et chevaux cohabitaient sereinement :

« Tidoy n'a pas l'air de les gêner.

– Ça aurait pu, faut être prudent. Et d'abord, qui es-tu ? Une de ces jeunes secondes encore tout écervelée ? »

Lally se présenta et poursuivit sa tentative pour amadouer le vieux palefrenier. Elle savait combien l'homme comptait dans les écuries. Mieux valait l'avoir dans sa poche qu'en faire son ennemi.

Pendant ce temps, Ysée n'avait pas bougé. Elle avait essayé d'appeler les Przewalski avec des petits bruits de bouche. Pour seule réaction, leurs oreilles avaient frémi. Suite à cet échec, elle adopta une voix grave, presque musicale, appuyant sur certains mots en vocalisant d'autres. Elle leur demanda de ne pas s'inquiéter, elle avait compris, elle ne les embêterait pas.

Dans l'enclos, l'atmosphère se modifia. Pour tout autre qu'un habitué des chevaux, le changement serait passé inaperçu. Mais, pour Léonard, qui continuait à maugréer tout en surveillant Ysée du coin de l'œil, il était clair que quelque chose avait circulé entre la jument de tête et la jeune fille. Une onde, une émotion, il ignorait quoi exactement. Pourtant, l'évidence était là : la relation était établie.

Ysée le sentit aussi. Elle se recula :

« Eh ! dis donc, toi, pourquoi tu portes des chaussures en tissus à l'écurie ? Et sans chaussette en plus ! La prochaine fois, enfile des tongs, ce sera encore plus rapide ! »

Le vieux Léonard avait beau pester, Lally et Ysée comprirent qu'il n'était pas vraiment fâché.

Ysée afficha une mine contrite pour lui répondre :

« Je suis désolée. Ma valise a été perdue par l'aéroport. Je n'ai que les baskets de toile que je portais pendant le voyage.

– Mais vous, Léonard, vous avez des bottes magnifiques ! Je n'en ai jamais vu de pareilles ! »

Lally pointait du doigt les chaussures du palefrenier. Formées d'un cuir épais patiné par les années, elles donnaient pourtant l'apparence d'être souples. Leurs coutures formaient des bourrelets réguliers qui soulignaient leur forme. Léonard se rengorgea :

« Et pour cause, elles sont uniques ! Elles m'ont été fabriquées par un elfe du petit peuple.

– Un quoi ? » interrogea Lally.

Léonard soupira :

« Ça vient vivre dans les Highlands et ça ne connaît pas le petit peuple ! Misère, mais quelle éducation donne-t-on aux jeunes d'aujourd'hui… Vous ignorez ce qu'est un elfe ? Ce ne sont pas ces êtres tout mignons qu'on trouve dans les livres pour enfants ! Les elfes sont des créatures magiques qui nous tolèrent sur leur territoire. Parfois, ils s'amusent un peu à nos dépens : ils nous jouent de mauvais tours. Mais ils savent être reconnaissants. Quand j'étais jeune, je leur ai rendu un service. Ils m'ont remercié avec ce beau travail de cordonnier. Voilà trente-cinq ans que je porte ces bottes et je ne suis pas près d'en changer !

Ysée sourit à cette histoire de bottes. Elle appréciait les légendes, mais un autre sujet l'intriguait :

« Pourquoi gardez-vous les chevaux enfermés ici ?

– Dis-moi d'abord comment tu t'appelles, pesta Léonard, j'aime savoir à qui je parle.

– Ysée.

– Hum, grommela Léonard en considérant la jeune fille. Les Przewalski participent à une opération à but écologique. Elle consiste à introduire cette race ancienne de chevaux de Mongolie dans les landes écossaises. Leur rôle sera d'assurer l'entretien des espaces aux côtés des moutons à tête noire. Ils y vivront libres, et les spécialistes pensent qu'ils sauront très vite s'adapter aux conditions difficiles !

– Alors, pourquoi ne pas les relâcher tout de suite ? interrogea Lally.

– Ils sont en période de socialisation, répondit Léonard. Je les habitue au contact humain, par imprégnation, comme le fait une jument avec son poulain. »

Il reprit sa voix grondeuse :

« Ne revenez pas les embêter. Si vous aimez les animaux sauvages, allez donc à la poursuite de Ghorse, le cheval fantôme ! »

Tout au bout de l'écurie, le groupe des secondes ressortait de sa visite des manèges. Léonard ordonna :

« Attendez là une minute. »

Il s'éloigna et contourna le bâtiment en boitant légèrement. Lally supposa qu'il souffrait de rhumatisme. Pas étonnant, vu l'humidité du pays !

Quand il revint, il tenait un objet à la main :

« Tiens, Ysée, c'est pour toi. Une paire de chaussettes. Je l'ai tricotée moi-même.

– Merci ! C'est très gentil, Léonard, merci beaucoup », s'écria Ysée, stupéfaite.

Léonard fronça les sourcils :

« Non, non, ce n'est pas "gentil". C'est juste une question d'humanité. Sans la solidarité et le partage, les hommes seraient une espèce en voie de disparition, enfermée à la place des Przewalski dans le paddock. Allez, maintenant, filez ! »

Les deux filles coururent pour rattraper le groupe. Ysée se retourna. Léonard les regardait, songeur, sa main caressant ses longues moustaches. Elle lui fit un signe avec sa paire de chaussettes. Le vieux palefrenier haussa les épaules et se détourna. Ysée l'imaginait en train de maugréer qu'il avait bien d'autres choses à faire que de s'occuper des élèves du collège.

10
Chat, chien, chevaux

La matinée s'achevait lorsque les quatre groupes des secondes se rassemblèrent entre le manège et les box. Ysée interpella Lally :

« Tu as vu Tidoy ? On dirait qu'il a trouvé un truc. »

Debout, le museau pointé vers une montagne de bottes de paille, le chien se tenait à l'affût. Lally s'avança pour chercher ce qui pouvait bien l'attirer et disparut derrière le tas. Quand elle réapparut, elle portait un chaton dans ses bras. Tidoy s'approcha, mais un claquement de langue de Lally suffit à lui faire comprendre qu'il était préférable qu'il renonce à courser l'animal.

Ysée tendit une main vers Lally :

« Tu as de la paille plein les cheveux. On dirait que tu as plongé dedans la tête la première !

– C'est un peu ça, j'ai dû me frayer un passage pour capturer ce tigre miniature. »

Dans ses bras, le chaton ne ressemblait en rien à un tigre. Au son d'un bruyant ronron, il s'abandonnait à ses caresses, heureux de se faire dorloter. Une voix masculine surprit les deux filles :

« Salut, Ysée ! Ça va, la rentrée ? »

En apercevant Romain, Ysée sourit :

« Super, merci Romain ! répondit la jeune fille. Tu connais Lally ? On partage la même chambre. »

Lally rougit à l'idée de la coiffure version épouvantail qu'elle offrait en spectacle à Romain. Décidée à établir le contact, elle se lança comme si de rien n'était :

« Salut, ravie de faire ta connaissance ! »

Romain n'esquissa qu'un vague salut en retour et s'éclipsa. Lally sentit la déception l'envahir. Mais, quand elle vit Alyson solliciter Romain pour qu'il l'aide à refermer un box, la déception laissa place à la jalousie. Elle marmonna :

« Qu'est-ce qu'elle lui veut, cette pimbêche ? »

Lally n'eut pas le temps de réfléchir plus avant à cette question car M. Keating arriva à cet instant pour exposer le programme de l'année. Il détailla les disciplines assurées par les différents professeurs d'équitation. Plat et mise en selle, dressage et saut d'obstacle constituaient sa spécialité. L'éthologie et la voltige étaient enseignées par Mme Polsh. La mention « acrobatie cascade » fit dresser l'oreille de certains élèves, mais l'heure du déjeuner approchant, l'attention générale faiblissait. Enfin, M. Keating se tut.

Les secondes échangèrent des regards incrédules. Avaient-ils bien compris les derniers mots du professeur ? Jena les répéta en chuchotant : « Allez seller, je vous attends ».

Comme si elle avait déclenché un signal, tous les élèves de la classe de seconde se ruèrent vers la sellerie. Il restait à peine trois quarts d'heure et M. Keating souhaitait leur faire passer une évaluation !

Alyson posa la main la première sur l'équipement de Redsky. Mais à peine eut-elle fait glisser la selle de son support que Jena s'empara du filet et tira sur le tapis. Les deux filles s'affrontèrent du regard, décidées toutes les deux à monter la jument qualifiée de « parfaite » par les terminales. Elles savaient qu'elles mettraient ainsi toutes les chances de leur côté pour réussir avec brio leur passage devant M. Keating. La situation s'envenimait, Lally s'approcha pour temporiser. Les joues de Jena étaient marbrées de petites taches rouges et sa bouche crispée. Alyson sentit qu'elle ne parviendrait pas à prendre le dessus face à une fille aussi déterminée. Comme il n'était pas question de mettre en péril sa dignité dans une bagarre ridicule, elle se tourna vers Lally :

« Puisque tu veux tout arranger, donne-moi ton cheval !

– Mais tu n'as pas le droit ! s'insurgea Ysée. Lally a réservé Pop Corn dès notre arrivée dans la sellerie. »

Alyson haussa les épaules :

« Quand on est copine avec une folle furieuse prête à tout pour gagner, on assume… Et toi, mademoiselle l'As-de-Pique, quelle monture prends-tu ? »

Ysée n'eut pas le temps de se formaliser de cette nouvelle invective. Elle s'aperçut que, occupée à observer le différend entre Jena et Alyson, elle avait oublié de choisir un cheval !

Lally et elle se retrouvèrent les deux dernières à sortir une selle. Ne restaient de disponible que Sehor, un cheval réputé paresseux, et Oural, champion pour désarçonner les cavaliers.

Ysée pinça les lèvres pour retenir ses larmes. Elle se demandait encore pourquoi le jury du lycée avait accepté sa candidature. Elle n'avait jamais pris de cours d'équitation. Béa lui avait reproché des milliers de fois de monter trop à l'instinct, de contourner la technique. Et voilà que pour cette première évaluation devant le professeur, elle manierait un cheval catastrophique, vêtue d'une tenue digne d'un clown ! Rien ne pouvait être pire… Elle tendit le bras vers les deux équipements et proposa à Lally :

« Vas-y, choisis ! »

Lally attrapa la selle de Sehor :

« Ne t'inquiète pas, ce n'est qu'un petit tour de piste ! Qu'est-ce qu'on risque… à part la honte de notre vie ? »

Elle éclata de rire. Ysée se força à sourire.

Mais c'est le cœur rempli d'angoisse qu'elle poussa la porte du box d'Oural.

11

Premier passage

Les élèves de seconde furent rejoints par une poignée de terminales dans les gradins du manège. Romain s'était glissé parmi eux. Chacun mourait d'envie de découvrir le niveau d'équitation des uns et des autres.

Alignés le long de la poutre d'attache, les chevaux patientaient.

Le bruit des sabots sur le pavé sonna le début des évaluations. Au premier rang, Jena sortit un carnet de sa poche. Lally s'en amusa gentiment, aussitôt suivie par Blaise :

« Qu'est-ce que tu notes ?

– Des trucs, les conseils de M. Keating, tout ça…

– Tu faisais déjà ça quand tu étais petite pour les chevaux du manège ? »

Jena leva les yeux au ciel en secouant la tête. Blaise se tut. Sa tentative de baisser la tension grâce à une plaisanterie n'avait pas porté ses fruits. Ysée gardait les mâchoires serrées par l'angoisse.

Vingt-quatre heures après avoir décollé de France, elle avait l'impression d'avoir quitté sa mère depuis des jours ! Avait-elle eu raison de partir de la maison pour étudier dans ce lycée ? Sa mère avait déjà perdu son mari. Ysée craignait que son absence réveille la douleur à peine enfouie. Et tout cela pourquoi ? Elle n'avait pas le niveau. Le jury du concours d'entrée avait fait une erreur.

Non, elle ne savait pas monter à cheval selon les règles internationales ; non, elle n'avait jamais répété les mouvements dix fois, cent fois, mille fois ; oui, elle s'était toujours moquée de la technique… jusqu'à aujourd'hui.

Dans quelques minutes, tout le monde découvrirait son statut d'imposteur.

Ysée eut envie de parler de ses inquiétudes à Lally, mais la pudeur et la honte l'en empêchèrent. Elle préféra s'éloigner du manège après avoir jeté un œil sur l'ordre de passage que M. Keating avait affiché : son évaluation aurait lieu juste après celles d'Alyson et de Jena.

Les travées des écuries étaient désertes. Ysée écouta les bruits qui lui étaient si familiers. Un sabot qui grattait, un cheval qui buvait, un autre qui se frottait sur la paroi pour soulager une démangeaison, autant de mouvements qui formaient la bande-son d'un centre équestre et qui l'aidaient à se sentir mieux.

La jeune fille s'arrêta devant chaque box pour adresser un salut à leurs occupants. Mme Stample, qui sortait à cet instant de la salle des professeurs, se recula dans l'embrasure de la porte. Sa présence aurait interrompu Ysée et c'eût été dommage. La directrice en profita pour observer la jeune fille discrètement, curieuse de voir comment Wifi, sa jument, réagirait à l'approche de cette inconnue.

Le hennissement nerveux qui jaillit du box de Wifi jura avec l'ambiance sereine de l'écurie. Ysée regarda la jument s'agiter, allant d'un mur à l'autre. Elle se tenait suffisamment près pour que la jument ne la quitte pas du coin de l'œil.

Sans toucher la porte du box, la jeune fille lui parla de cette manière douce et monocorde qu'elle savait efficace pour calmer les chevaux. Peu à peu, Wifi s'apaisa, réfugiée tout au fond de son box. Il était trop tôt pour poser sa main sur son encolure.

La directrice s'étonna de la facilité avec laquelle Ysée avait établi le contact avec la jument. Elle-même n'avait pas encore pleinement gagné sa confiance. Wifi exigeait un important travail de dressage quotidien, car son ancien propriétaire ne l'avait jamais accoutumée à l'homme.

La directrice s'éclipsa discrètement et se dirigea vers le château, plongée dans le souvenir de ce jour où Ysée était passée devant le jury. Malgré ses erreurs techniques, la jeune fille dégageait une telle aisance ! Les montures étaient imposées et, pourtant, elle avait formé une équipe soudée dès la première seconde, sans ce temps de flottement nécessaire à l'ajustement entre un cavalier et un animal qui ne se connaissent pas. La directrice tourna son visage vers le soleil. Le bien-fondé de la décision du jury se confirmait : Ghorse Highschool existait aussi pour des talents comme celui d'Ysée.

Devant la poutre d'attache, à l'entrée du manège, Oural tirait sur sa longe. Ysée tenta de la rassurer, une main posée sur son encolure. S'il continuait, le nœud de sécurité le laisserait s'échapper. M. Keating n'aurait sûrement pas la patience d'attendre qu'elle rattrape sa monture.

Sa main tremblait sous l'effet de la nervosité. Non seulement le prof l'évaluerait, mais de plus les autres élèves la jugeraient. Elle détacha Oural et s'approcha du manège.

Alyson terminait sa démonstration. Volte, demi-volte, changement de pied, saut, elle avait enchaîné les figures sans difficulté. Elle descendit de sa monture et écouta le professeur énumérer les critiques. Elle montait depuis l'âge de 5 ans. Elle avait intégré un pensionnat équestre un an plus tard. Ce regard sévère qui décortiquait chacun de ses mouvements pour en dégager les points de progression lui semblait naturel.

D'une main assurée, elle mena Pop Corn vers la sortie du manège dès le bilan achevé. Mais à peine eut-elle mis pied à terre que sa monture cessa de coopérer et d'avancer. Alyson saisit les rênes au plus près du mors. En vain. Dans les tribunes, les autres l'observaient en silence. Le professeur Keating en faisait autant.

Alyson faisait preuve d'un grand sang-froid, mais en réalité, elle bouillonnait de colère. Elle appuya de tout son poids sur les rênes, vers l'avant. Aussi brutalement qu'il s'était figé, Pop Corn se décida enfin à céder. Déséquilibrée, Alyson trébucha et n'évita la chute qu'en lâchant la bride et en posant une main et un genou sur le sol.

Rouge de colère, elle se redressa et allongea le pas pour rattraper sa monture. Mais le spectacle n'était pas terminé. Des rires jaillirent dans les tribunes. Voilà que Pop Corn empêchait sa cavalière de sortir du manège ! Dès qu'elle avançait, il se plaçait en travers de son chemin, juste assez loin pour interdire l'accès à ses rênes qui pendouillaient à terre. Tels deux partenaires de ballet, la jeune fille et le cheval esquissèrent un pas en avant, un pas en arrière. L'exaspération gagna Alyson. Si elle avait tenu une cravache, elle aurait remis ce fichu canasson au pas.

Soudain, Romain descendit les marches des gradins et entra dans le manège. Il saisit Pop Corn par le filet, une main de chaque côté de la tête et le sermonna :

« Ce n'est pas bientôt fini de bizuter les secondes ! On ne t'a jamais dit que les plaisanteries les plus courtes sont toujours les meilleures ? »

Alyson voulut s'éloigner, retenant des larmes de dépit. Romain murmura :

« Ne pars pas sans ta monture. »

La jeune fille se tourna vers M. Keating. Le professeur continuait à observer la manière dont elle réagissait. Elle força ses lèvres à sourire et ramassa les rênes de Pop Corn. Rester digne en toutes circonstances, conserver une image forte, voilà ce qu'elle avait appris au fil des pensionnats qu'elle avait fréquentés. Son apparence comptait davantage que ce qu'elle cachait en elle. Sa voix sonna presque vraie lorsqu'elle mima le fair-play :

« Allez, Pop Corn, retour au box. Tu m'as donné une belle leçon ! »

La place était libre pour Jena qui passa à un mètre d'Ysée sans la voir. Le visage figé, les lèvres pincées, les yeux fixés sur le muret du manège, sa concentration se lisait sur tout son corps. Le pied gauche à l'étrier, elle se jucha sur Redsky. Les consignes de M. Keating tombèrent, sèches, claires. Aussitôt, Jena donna des jambes. Elle maniait sa jument sans relâcher son attention une seule seconde. Sa maîtrise technique impressionna les spectateurs. Dans les tribunes, on n'entendait plus un bruit. Galop, trot enlevé, quelle que soit l'allure, Jena contrôlait la situation. Dès la reprise achevée, le professeur hocha la tête et la gratifia d'un :

« Pas mal. »

À l'aune des commentaires qu'il avait assénés jusque-là, son « pas mal » signifiait « très bien » voire « excellent » en langage courant. Il demanda :

« Tu es une habituée des concours ? »

La transpiration baignait le visage de Jena, son cœur battait la chamade, pourtant, elle répondit d'une voix calme :

« J'y participe tous les week-ends depuis que je suis en âge de marcher.

– Bien. Au suivant. »

Les insectes passèrent à l'attaque dès que Jena sortit du manège. Sa sueur avait éliminé le produit répulsif de sa peau. La jeune fille tenta de chasser les moustiques. Mais ses gestes manquaient de dynamisme. Après cette séance, elle était épuisée, comme si elle venait de fournir un effort colossal digne d'un marathon des sables.

Constatant son état, Lally descendit des gradins pour la rejoindre. En passant devant Ysée, elle lui adressa un signe d'encouragement. Son tour était arrivé.

Ysée inspira lentement. Elle entra dans le manège, Oural à ses côtés.

Ysée songea que le sort s'acharnait sur elle. Passer après Jena, rien n'aurait pu être pire ! La comparaison ne serait pas à son avantage, elle le savait. M. Keating l'observa tandis qu'elle gagnait le centre du manège. Il ordonna :

« En selle ! »

À peine Ysée fut-elle dressée sur ses étriers qu'Oural esquissa un pas en avant. Elle le retint d'une main fébrile. La démonstration commençait très mal : avant même d'avoir entamé la reprise, sa monture ne se tenait plus sur l'alignement du départ. Le stress d'Ysée grimpa d'un cran.

M. Keating resta silencieux. Plus Ysée se crispait sur les rênes pour maintenir son cheval à l'arrêt, plus il essayait de lui échapper. Bientôt, ses naseaux toucheraient son poitrail et, ainsi encapuchonné, Oural menaçait de se soustraire au mors. Enfin, le professeur indiqua :

« Un premier tour, tranquille, au pas. »

Ysée n'eut qu'à relâcher la tension de ses doigts agrippés aux rênes pour voir Oural avancer. Alors qu'il s'approchait du portail d'entrée laissé ouvert, Oural se mit à marcher sur le côté, en crabe. Malgré les tentatives d'Ysée pour l'en empêcher, il franchit l'entrée du manège. Un mouvement brusque de sa cavalière le fit hésiter. Un de ses sabots glissa sur le sol pavé. Affolé, Oural trembla, les oreilles couchées en arrière. Et d'une brutale détente de ses membres arrière, il désarçonna Ysée. Malgré la douleur du choc, la jeune fille oublia M. Keating, l'évaluation et les spectateurs. Elle se concentra tout entière sur sa monture. L'animal n'avait pas botté par hasard, mais parce que l'angoisse de sa cavalière l'avait contaminée. Elle se releva et passa son bras autour de l'encolure de l'animal :

« Je comprends, Oural, je comprends. Tu as senti combien j'étais inquiète. Et tu veux regagner ton box, c'est normal. »

La tension du cheval descendit un peu. Ysée le ramena au centre du manège sans que M. Keating ne fît aucun commentaire. Il se contenta de répéter :

« En selle. »

Ysée percevait la fébrilité de l'animal. Il lui fallait encore un peu de temps pour se calmer. Elle dit au professeur :

« Ma monture n'est pas tout à fait prête.

– Ta monture est prête ; c'est toi qui ne l'es pas. »

Ysée baissa la tête. M. Keating avait raison. Oural ne faisait que manifester les tensions qu'il ressentait chez son cavalier ; c'était donc à elle d'évacuer son stress. Calmer Oural passerait par sa propre détente. La jeune fille respira plusieurs fois comme Béa le lui avait appris, doucement, profondément. Elle se concentra sur la seule chose importante : Oural. Puis elle remonta en selle.

Le reste de l'évaluation se déroula sans embûche. Quand elle mit pied à terre, Ysée sentit le soulagement la gagner. C'était fini, enfin !

Le professeur énuméra une longue liste de points critiques :

« La mise en selle n'est pas bonne. Tu donnes beaucoup trop de jambes pour évoluer sur le plat. Il te faudra corriger tes mauvaises habitudes. Tu as beaucoup à apprendre, plus que les autres élèves. »

Ysée s'attendait à cette sévérité, bien sûr. Mais entendre un tel jugement de la bouche de son professeur la secouait davantage qu'elle ne l'avait prévu. Elle inspira profondément. Surtout ne pas pleurer, surtout ne pas dévoiler de faiblesse. M. Keating s'interrompit un instant avant de conclure :

« Monter n'est pas qu'une question d'instinct, Ysée, mais surtout de techniques. Ce que tu as montré aujourd'hui m'incite à penser que tu disposes de toutes les qualités pour y arriver. Mais tu devras travailler dur. Au suivant. »

Ysée conduisit Oural en dehors du manège. L'appréciation de M. Keating dépassait ses craintes : elle était nulle, voilà tout.

Jena et Lally s'approchèrent, la mine désolée. Lally pencha la tête et lui sourit gentiment :

« Allez, ne te laisse pas démoraliser par ce vieux grincheux de Keating ! »

À la fin de l'évaluation, alors que les élèves soignaient leur monture, une averse aussi courte qu'inattendue s'abattit sur les écuries. Des cris accompagnèrent la brusque ruée des élèves vers les abris. Lally et Jena trouvèrent refuge sous l'avant-toit qui protégeait l'entrée des box.

Ysée ne bougea pas. Entre le manège et les travées des box, elle leva le visage vers le ciel. Elle caressa les naseaux d'Oural et soupira, sentant l'énergie revenir :

« Voilà notre récompense, mon tout beau. Une douche d'été. »

12
Toi, mon ami

Alors que les autres élèves étaient déjà partis au self, Ysée prit le temps nécessaire pour s'occuper d'Oural. Elle le bouchonna avec de la paille fraîche sans cesser de le bercer à voix haute – elle savait que les chevaux n'entendent pas quand on leur parle trop bas. Les mouvements d'oreille d'Oural témoignaient de l'efficacité de sa méthode pour le rassurer. D'abord pointées vers l'avant, en une attention extrême, elles se relâchèrent à mesure que le cheval s'apaisait.

Quand Ysée quitta le box, elle tapota la croupe de l'animal. Son objectif était atteint. Elle le sentait serein, prêt à profiter du calme des écuries. À son tour de se détendre. Le stress de l'évaluation et la faim qui tiraillait son estomac se combinaient en un cocktail éreintant. Elle se hâta vers le château. Jamais elle ne réussirait à affronter les cours de l'après-midi si elle sautait le déjeuner !

À l'entrée du self, l'emplacement dédié à la pile des plateaux était presque vide. Un homme sortit de la cuisine, précédé par son gros ventre, une haute toque plantée sur le crâne :

« C'est encore Keating qui vous oblige à faire des heures supplémentaires ? »

Ysée attrapa le plateau qu'il lui tendait. Le chef râlait tout en suivant l'avancée d'Ysée le long de la chaîne du self :

« Quand est-ce qu'il comprendra que l'heure du repas est aussi sacrée que celui des cours ? Poisson et légumes ou lasagnes ?

– Lasagnes, s'il vous plaît. »

Le chef glissa une assiette pleine vers Ysée. Il ronchonna :

« Bon sang, je m'en vais lui parfumer son café au piment, il découvrira ce que c'est que d'avoir la moutarde qui vous monte au nez. »

Ysée ajouta à son déjeuner des carottes râpées, un yaourt, une pomme et un morceau de pain.

La plupart des tables du réfectoire, séparées par des claustras de couleur, étaient libres. Ysée s'approcha des fenêtres. Alyson, installée avec ses deux amies à une table de quatre, déplaça son écharpe vers le dossier de la chaise vide pour l'empêcher d'y prendre place. Ysée poursuivit son chemin. Le geste d'Alyson la touchait plus qu'elle ne voulut le reconnaître. Elle lui rappelait la solitude dans laquelle elle avait traversé ses années de collège. Elle tenta de se raisonner. Que lui importait le mépris d'une telle peste !

À la table suivante, Jena et les trois meilleures cavalières de la classe discutaient d'équilibre alimentaire. À voir le contenu de leurs plateaux, leur obsession pour la santé n'était pas feinte. Ysée ralentit le pas, mais Jena ne lui jeta pas un regard.

La voix qui retentit derrière un claustra réconforta Ysée : ouf, elle ne mangerait pas seule. Elle savait qu'une fois l'étiquette « solitaire » apposée sur un front, il était bien difficile de s'en débarrasser ! Elle surgit devant Lally et Blaise, assis face à face. Dès qu'ils l'aperçurent, ils stoppèrent net leur discussion. Ysée eut le sentiment d'interrompre quelque chose. Pire ! Il lui sembla qu'elle était l'objet de la conversation. Mais il était trop tard pour faire demi-tour. Elle demanda en désignant une des chaises libres :

« Je peux ?

– Bien sûr ! répondit Lally avec un grand sourire, en revanche, on doit te laisser, on a des trucs à faire. »

Après un échange de regards entendus avec Blaise, les deux compères se levèrent puis, après un petit signe amical, s'éloignèrent vers la sortie.

Ysée s'assit et respira très lentement tout en récitant un texte de Jacques Prévert qu'elle connaissait par cœur depuis l'école primaire. Se concentrer sur les mots du poète l'aidait à maîtriser ses émotions. Mais, à ce moment précis, ce n'était pas d'une poésie dont elle aurait eu besoin, mais d'un recueil entier, en dix volumes. Elle détestait Lally et Blaise, elle détestait ces lâcheurs qui la laissaient tomber ! Et elle se détestait aussi. Pas étonnant que son moral soit en chute libre ! En deux jours, elle avait perdu ses vêtements, raté son évaluation et voilà qu'elle découvrait que Lally ne voulait pas rester sa copine. Les autres filles l'avaient vite cernée : ni drôle, ni tendance. Résultat, elles la fuyaient. Elle en avait assez d'être incapable de se faire des copines ! Elle qui espérait que, ici, tout allait changer…

La fourchette plantée dans ses carottes râpées, Ysée ressassait ses sombres pensées, quand Joyce s'arrêta près d'elle, son plateau vide à la main. Elle lui adressa une petite moue admirative :

« Tu t'es bien débrouillée avec Oural. Le prof n'aime peut-être pas ton style, mais moi, j'ai adoré. On aurait dit que tu dansais avec lui, comme si vous jouiez dans un film, tu vois ce que je veux dire ? »

Ysée lui retourna un sourire. Les mots de Joyce étaient comme un baume sur les égratignures de son cœur. Mais avant qu'Ysée n'ait eu le temps de la remercier, sa compagne de chambrée ajouta :

« Faut que je file. À tout à l'heure, en cours !

– À plus ! »

Ysée replongea sa fourchette dans ses carottes, mais, cette fois-ci, ses pensées allèrent vers les chevaux. C'était pour eux qu'elle avait tout quitté. Il était temps qu'elle s'en souvienne !

En dix minutes, elle finit de déjeuner et débarrassa son plateau. Il lui restait juste assez de temps pour passer à l'écurie avant le début des cours de l'après-midi.

Elle courut vers les bâtiments aux toits arrondis. Oural sortit la tête par le battant haut de sa porte et pointa ses oreilles dans sa direction. À le voir aussi attentif, Ysée sentit la joie l'envahir. Elle éclata de rire :

« Tu sais déjà ce que je t'apporte, j'en suis sûre ! »

Comme pour confirmer les dires de la jeune fille, Oural tendit son cou, et retroussa sa lèvre supérieure. Puis il pencha la tête vers la poche droite d'Ysée pour en déloger sa récompense :

« Tiens, tu l'as mérité ! »

Oural croqua la demi-pomme qu'Ysée avait gardée pour lui. Elle caressa sa joue :

« Passe un bel après-midi, mon ami. »

Oural regarda Ysée s'éloigner. Alors qu'elle longeait le paddock des Przewalski, une jument lança un hennissement puissant. La jeune fille inspira une grande goulée d'air du parfum d'écurie et bloqua ses poumons remplis. Elle se sentait proche de ce cri de liberté.

13
Le mal du pays

Mercredi 10 septembre, l'été reculait sur la pointe des pieds. Un froid matinal traversait les murs du château de Ghorse. Il était tôt et la plupart des élèves rechignaient à quitter la chaleur du lit pour se glisser sous la douche. Après avoir pris son petit déjeuner, Ysée sortit du réfectoire par la porte extérieure, accueillie par le chant des oiseaux. L'herbe, couverte de rosée, exhalait une odeur fraîche et humide. Plus loin dans le parc, un vieux chêne tendait ses branches vers elle. Ysée traversa la cour pour le rejoindre et, prenant son tronc pour appui, se hissa au cœur de son feuillage.

Elle regarda sa montre. Tout se déroulait comme prévu. Plus qu'une demi-heure et elle regagnerait la chambre désertée. Ainsi, elle n'embarrasserait pas les autres de sa présence. Lally comprendrait qu'elle n'avait pas l'intention de jouer à la fille qui s'incruste et Ysée préserverait son amour-propre. Même si elle en souffrait, elle préférait la solitude à la *scotch attitude*.

Après un dimanche soir et un lundi matin placés sous le signe des débuts d'une amitié, l'attitude de Lally avait changé. L'alerte du déjeuner du lundi s'était confirmée.

Lally l'évitait avec un manque de subtilité qui frisait l'indécence. À la récré du mardi matin, Ysée lui avait proposé :

« Je vais faire le tour du château, histoire de voir de près tous les accès. Tu m'accompagnes ?

– Désolée, lui avait répondu la jeune Américaine, j'ai un appel à passer. Je te rejoins si j'ai fini à temps ? »

Un appel ? Alors que tous les téléphones étaient sous clé ? Dans son arbre, dissimulée au milieu des branchages, Ysée haussa les épaules. Le prétexte invoqué était ridicule, à moins qu'il ne soit provocateur. Et pourtant, malgré son instinct qui lui chuchotait de laisser tomber, Ysée avait décidé de persévérer. Elle s'était raisonnée : et si Lally n'avait pas envie de marcher ? Un tour du château ne présentait pas d'intérêt particulier. Le coup de fil ne constituait peut-être qu'un moyen improvisé d'échapper à cette activité banale et non de fuir la présence d'Ysée.

Le soir même, à la fin du dîner, Ysée avait suggéré :

« Ça te dirait d'aller au foyer des élèves ? Je voudrais y prendre une BD ! »

Lally lui avait servi un nouveau mensonge, tout aussi inepte que le premier :

« J'ai promis de passer la soirée avec Khésia. Elle a le moral qui flanche, elle a besoin de moi. »

À ce moment précis, les filles qui entouraient Lally à l'aéroport étaient sorties du réfectoire. Au sein du groupe, Khésia, une fille de leur classe, lança une plaisanterie et toutes éclatèrent de rire en passant devant Ysée et Lally. Nullement embarrassée, cette dernière avait ajouté en se joignant à la joyeuse troupe :

« C'est à mon tour de la dérider. À tout à l'heure ! »

Un rayon de soleil traversa le feuillage et obligea Ysée à fermer les yeux. Elle grimaça, autant en raison de l'éblouissement que du dépit d'avoir été rejetée. Elle sentait la tristesse et la colère monter de son ventre et gagner sa tête.

Que Lally ne l'apprécie pas, Ysée le comprenait. Mais qu'elle l'estime assez bête pour avoir besoin de lui servir des salades, Ysée ne le supportait pas.

Elle détestait toutes ces filles pour qui tout était si facile. Lally ne connaîtrait jamais la solitude. Elle ne connaîtrait jamais la douleur de ne pas pouvoir partager sa vie avec les autres. Même le chien Tidoy passait ses journées sur ses talons ! Alors qu'elle, Ysée Brumedor, se retrouvait isolée en seulement deux jours de lycée. Bel exploit ! Elle détestait son âge qui l'empêchait d'être libre et de partir galoper au bout du monde, là où personne ne lui ferait de la peine ! Elle eut soudain l'envie de hurler, mais elle serra les dents et refoula son cri tout au fond d'elle-même. Pas question de montrer sa faiblesse.

La sonnerie du premier cours résonna alors qu'Ysée descendait les escaliers du dortoir. Le mercredi constituait une exception dans la semaine : la matinée n'était pas consacrée à l'équitation, mais aux cours en salle. L'après-midi restait libre de toutes contraintes… en dehors des devoirs à effectuer pour les jours d'après.

Ysée courut pour ne pas être en retard et passa la porte de la classe au moment où le professeur de biologie s'apprêtait à la refermer. La place qu'elle occupait la veille à côté de Lally était prise par Blaise.

Sans rien montrer de sa déception, elle traversa la pièce pour rejoindre le fond de la classe. Alyson chuchota quelque chose. Sa remarque déclencha les ricanements de ses deux copines qui suivirent Ysée du regard.

La jeune fille décida de se concentrer sur le cours. Après tout, elle était là pour apprendre, pas pour se faire des amis ! Mais Ysée ne put s'empêcher de jeter un œil en direction de Lally et Blaise. Penchés l'un vers l'autre, ils discutaient à voix basse. Elle surprit un regard posé sur elle. Sans aucun doute, elle était l'objet de leur conversation. Que n'aurait-elle donné pour en connaître la teneur ! Se moquaient-ils d'elle ? Évaluaient-ils l'intérêt de continuer à lui parler ?

Ysée sentit les larmes lui monter aux yeux et furieuse contre elle-même, elle se tourna vers la fenêtre d'où parvenaient les hennissements des chevaux. Elle passa le reste de l'heure à rêver d'un monde où l'amitié des chevaux serait plus importante que celles des humains.

Encore deux heures de cours et un déjeuner où Ysée n'osa se joindre à personne de peur de passer pour la fille « pot de colle ». Elle remonta dans sa chambre se laver les dents. La situation avec Lally lui pesait. Le plus dur consistait à effacer l'espoir qu'elle avait caressé ces deux derniers jours de s'en faire une amie.

Assise sur son lit, elle soupira. Les chevaux n'avaient pas de secrets pour elle, mais les gens lui semblaient tellement compliqués !

Dans son ancien collège, les autres ne l'embêtaient pas. Parfois, ils discutaient avec elle, quelques minutes, quand l'occasion se présentait. Mais elle restait une vague relation, une fille dont l'absence n'inquiétait personne, dont la présence ne provoquait qu'indifférence.

Elle avait espéré qu'ici tout changerait. Quelle meilleure opportunité qu'un nouveau départ dans un lycée étranger, loin de tout ce qu'elle connaissait ? Les premières heures, elle avait même cru possible de créer des liens d'amitié, de devenir la copine de Lally, de Jena…

Joyce entra dans la chambre :

« Je te dérange ?

– Non, non.

– Tu n'as pas trop l'air d'aller bien ! »

Ysée esquissa un sourire :

« Ça va, ça va. C'est juste que… tu vas trouver ça bête, mais Lally m'évite depuis deux jours. Je n'ai pas envie d'être la fille qui s'incruste, tu vois ?

Joyce ne répondit rien. Elle se dirigea vers le miroir de son lavabo et repassa un trait d'eye-liner sur le dessin de toile d'araignée qui ornait son cou. D'un ton laconique et presque brutal, elle décréta en lui tournant le dos :

« Eh bien, bouge-toi ! C'est pas en te lamentant sur ton lit que tu vas résoudre le problème. Va parler à Lally. Au moins, tu seras fixée. »

Joyce ressortit peu après.

Dans la solitude retrouvée de la chambre, Ysée grimaça. Joyce ne s'encombrait pas de faux-semblants. Elle lui apportait aussi une nouvelle manière de voir les choses, simple et concrète.

Elle descendit de son lit, écarta les montants de la fenêtre et regarda le paysage qui s'offrait à elle. La lande s'étendait jusqu'aux pentes des collines, parsemée de rochers façonnés par le vent et la pluie, couverts de lichens et de mousse. Plus loin, elle devinait le Loch caché sous la brume.

Tout était calme et serein. Pourquoi ne trouvait-elle pas sa place dans ce lieu qui résonnait si fort en elle ?

14
De feu et de glace

Les écuries regroupaient trois longs bâtiments rectangulaires, parallèles les uns aux autres et séparés par des travées assez larges pour laisser passer le tracteur et sa remorque. Chaque côté était flanqué de doubles portes d'accès aux box. Léonard ne fermait les battants du haut que lorsque des conditions météo extrêmes l'exigeaient. Parfois, il utilisait le panneau de bois pour assombrir le box : un cheval particulièrement nerveux ou une jument prête à mettre bas se calmait plus facilement dans l'obscurité.

En ce mercredi après-midi de septembre, aucun des battants supérieurs n'était clos. Les chevaux les plus curieux observaient le ballet des élèves.

Ysée se dirigea vers le paddock des Przewalski. Beaucoup des membres du troupeau s'étaient réfugiés dans le box attenant pour échapper à la chaleur lourde du début d'après-midi. Une jument s'avança de deux pas. Sa courte crinière dressée en brosse oscillait au rythme des coups d'œil qu'elle jetait à la visiteuse. Ysée s'appuya contre la palissade qui entourait le paddock et laissa pendre ses bras à l'intérieur pour que la jument sente son odeur. Ysée espérait que cette prise de contact rassurerait l'animal.

Léonard surgit en râlant :

« Encore toi ? »

Ysée esquissa une grimace qui signifiait autant « je suis désolée » que « je ne peux pas m'en empêcher ». Elle demanda au vieux palefrenier :

« Pourquoi ne sont-ils pas domesticables ?

– Je te l'ai dit, ce sont des chevaux préhistoriques ; pour eux, le schéma de la vie est simple : il y a les prédateurs et il y a les proies. Toi, tu es la menace. Eux, ils se protègent.

– Pourtant, ils se laissent approcher par vous.

– Ce n'est pas si simple. Regarde celle-là. »

Léonard tendit le doigt vers la jument qui n'avait pas quitté Ysée du coin de l'œil depuis son arrivée :

« Elle est pleine. Selon le vétérinaire, elle devrait mettre bas vers Noël. Tu as déjà vu une jument mettre bas en plein hiver, toi ? »

Ysée secoua la tête en signe de dénégation :

« Les Przewalski sont à l'image de ce pays : lorsque l'on croit les connaître, ils se dévoilent, toujours plus sauvages. »

Pendant leur échange, la jument avait poursuivi sa trajectoire. Elle se tenait désormais presque à portée de main d'Ysée. La jeune fille leva doucement le bras. Le bout de ses doigts effleura la robe de la jument. Ysée affirma :

« Je connais mes classiques, j'ai lu *Le Petit Prince*. Les bêtes sauvages acceptent parfois de se laisser apprivoiser. »

Léonard fronça les sourcils :

« Ne commence pas à te mettre cette idée en tête, jeune fille. La nature est faite de telle manière que toute idée romantique n'y pourra rien changer. Une bête sauvage reste sauvage, point. Va plutôt t'amouracher d'un de ces braves chevaux domestiques. Avec eux, au moins, tu ne te mets pas en danger. »

Ysée sourit à Léonard. Il ne la connaissait pas encore. Elle était plus entêtée que beaucoup de chevaux ! Un jour ou l'autre, elle parviendrait à amadouer la jument. Mais il était inutile de tenter de convaincre Léonard, il risquerait de contrecarrer ses projets :

« Vous avez raison Léonard ! Je vais monter Oural.

– Oural ? C'est bien la première fois que quelqu'un choisit Oural sans y être contraint. Tu es une drôle de fille, Ysée… »

Oural piaffait à l'idée de quitter son box. Tandis qu'Ysée sanglait sa selle, il trépignait et faillit lui écraser le pied. Ysée ressentait la même impatience. Sur le dos du cheval, elle oublierait ses soucis pour se consacrer à l'animal. À défaut de compagnie, elle avait programmé la visite du parc, seule. De quoi l'occuper une bonne heure.

La main sur les rênes, elle marcha auprès d'Oural entre les deux bâtiments principaux. Geoff lui adressa un signe amical auquel elle répondit. Ysée mena Oural devant le manège, aux côtés d'autres chevaux, alignés le long de la poutre d'attache. Ysée attrapa le cahier de sortie pour y apposer sa signature :

« Eh ! » s'exclama-t-elle en sursautant.

Pop Corn, la monture d'à côté, venait de lui souffler un grand coup d'air dans l'oreille. Elle éclata de rire et grattouilla son encolure :

« Mais quel brigand celui-là ! »

Romain surgit à ses côtés :

« Je t'ai entendue rire ! Qu'est-ce qu'il a encore inventé, ce sacré Pop Corn ? »

Ysée lui raconta en deux mots, tout en faisant reculer Oural. Derrière lui, elle remarqua Lally qui se dirigeait droit vers elle, Tidoy sur ses talons. L'angoisse grimpa très vite. Joyce lui avait peut-être parlé ? Ysée n'avait pas envie d'un conflit. Tout ce qu'elle voulait, c'était monter sur Oural et partir en balade sans penser à autre chose qu'au plaisir de la découverte du parc.

Elle engagea son pied dans l'étrier et se hissa en selle.

Oural fit un pas de côté, nerveux. Romain attrapa le cheval par son filet. Mais l'aide du garçon ne suffit pas à apaiser la situation. La pulsion de stress que le cheval avait perçue chez sa cavalière déteignait sur lui. Il devint si anxieux que lorsque Romain le lâcha et qu'Ysée tenta de le mettre au pas, il se cabra pour la désarçonner.

La chute brutale se termina en un cri de douleur. Ysée s'était réceptionnée sur la hanche et elle grimaçait.

Romain lui tendit la main pour la relever :

« Ça va ?

– Oui. Mais je sens déjà poindre un beau bleu à l'horizon ! »

Lally, qui avait couru vers Ysée en la voyant tomber, s'écria :

« Ma pauvre, il ne t'a pas ratée. Ça va ? Tu n'as rien de cassé ? »

Sans attendre de réponse, elle se tourna vers Romain :

« Romain, tu veux m'aider à choisir une autre monture pour Ysée ?

– Pas question, rétorqua la blessée, j'ai choisi Oural, je monterai Oural. »

La voix d'Ysée s'était faite glaciale. Elle venait de comprendre les véritables intentions qui justifiaient le revirement de Lally. Après l'avoir boudée, elle revenait vers Ysée pour pouvoir se rapprocher de Romain ! Elle-même ne comptait pas.

Mais l'arrivée d'Alyson réduisit à néant les espoirs de Lally. Elle lança à Romain :

« On y va ? »

Devant le regard interrogatif d'Ysée, le jeune homme expliqua :

« Alyson et moi, on a fait équipe hier soir, au baby-foot du foyer. Je lui ai promis que, si on gagnait, je l'accompagnerais jusqu'au loch.

– On peut quitter le lycée ? s'étonna Ysée, je croyais qu'il fallait se limiter au parc.

– Je vois que tu es aussi douée pour rester sur le dos d'un cheval que pour écouter les discours ! persifla Alyson. Mme Stample a énuméré les conditions à notre arrivée : être au moins deux, avoir l'autorisation d'un prof et noter le lieu de promenade sur le cahier d'écurie.

– Tu veux venir ? » proposa Romain à Ysée.

La jeune fille hésita un instant. Galoper sur la lande, quelle meilleure manière de passer un bon après-midi ? Mais Oural avait des réactions imprévisibles, elle le connaissait encore trop peu pour s'aventurer dans une longue balade avec lui. Le regard hostile d'Alyson finit de la dissuader.

Elle avait tant rêvé du jour où elle parcourrait le territoire sauvage des Highlands sur le dos d'un cheval ! Elle voulait que cette première sortie soit à la hauteur de son rêve, que celui-ci se transforme en un souvenir inoubliable, une expérience dans laquelle elle puiserait du réconfort dans les moments difficiles. Elle déclina la proposition.

Romain et Alyson s'éloignèrent, laissant Lally dépitée. Romain avait invité Ysée sans penser à en faire autant pour elle. Elle tenta de cacher sa déception en caressant vigoureusement Tidoy, mais bientôt elle ne put s'empêcher de s'exclamer :

« Mme Alyson-Je-Suis-La-Plus-Chic ferait bien de se regarder dans la glace. Tu as vu son tee-shirt ? Il est peut-être de marque, n'empêche qu'il est troué au bord de l'ourlet. Je ne comprends pas comment Romain peut supporter une pimbêche pareille !

Il y a tellement d'autres filles sympas qui aimeraient se balader avec lui !

– Toi, par exemple ! » répondit Ysée.

Lally lui adressa un sourire complice :

« Tu ne le trouves pas craquant ?

– Non, je ne le trouve pas craquant. »

Et, avant que Lally ait pu ajouter autre chose, Ysée remonta sur Oural et s'écarta avec une indifférence feinte :

« OK, je te laisse… »

Au petit trot, elle se dirigea vers le parc. Tidoy trottina à ses côtés sur une vingtaine de mètres avant de retourner vers Lally. Ysée ne regarda pas en arrière, se répétant en boucle dans sa tête, furieuse contre elle-même : « Mais quelle idiote ! Quelle idiote ! » Voilà deux jours qu'elle souffrait de l'éloignement de Lally, et, maintenant que la jeune fille se rapprochait, elle était aussi chaleureuse qu'un morceau de banquise !

15
Voltige

Le jeudi matin, Ysée poussa la porte de l'espace documentation. Ce nom augurait d'un CDI propre et clair, équipé d'écrans et de longues étagères en métal coloré, chargées de livres. Il n'en était rien. Implanté dans la tour est, l'espace documentation reflétait la splendeur du château d'autrefois.

La bibliothèque occupait la totalité de la tour, y compris sur sa hauteur. Tout en haut, les mille pampilles de son lustre monumental reflétaient une belle lumière d'automne. À chaque étage, une galerie circulaire large de cinq à six mètres longeait les murs en une mezzanine percée de fenêtres.

Ysée demeura bouche bée devant le nombre incalculable de livres qui couvraient les murs.

La voix du responsable l'interpella :

« Entre donc ! Je n'ai pas souvent de visite de bon matin ! »

Ysée avança entre les fauteuils de cuir et d'antiques tables de bois. Le parquet de bois grinçait à chacun de ses pas, troublant le silence des lieux :

« C'est vrai qu'on s'attend à voir ici de vieux érudits, un stylo à la plume en or à la main, s'exclama le documentaliste. Mais je peux t'assurer que ce sont bien les étudiants qui pianotent sur les claviers d'ordinateur. Je peux t'aider ? »

Ysée sourit. Après la longue soirée de solitude de la veille, elle avait pris la décision de s'occuper l'esprit. Son petit déjeuner achevé, elle venait donc chercher un livre qui lui tiendrait compagnie pendant les pauses. Le lieu dépassait ses attentes ! Ici, elle sentait qu'elle avait trouvé un refuge. Elle pourrait s'enfoncer dans l'un des fauteuils club des mezzanines, se plonger dans son roman, elle oublierait le lycée. L'homme au complet-veston gris, tiré à quatre épingles, proposa :

« Fantasy, anticipation, romans historiques… tu aimes quel genre de récit ? Peut-être un bon policier ? »

Elle accepta la suggestion :

« Voyons, voyons… Troisième niveau, travée B, étagère 18, grimpe voir ! »

Quand elle redescendit avec un ouvrage, le documentaliste ôta le papier kraft qui l'entourait et l'ajouta au sommet d'une pile de couvertures. Il précisa :

« C'est mon outil de gestion des entrées et sorties. Pas très moderne, j'en conviens. Mais l'essentiel réside dans son efficacité, n'est-ce pas ? »

Elle approuva d'un hochement de tête puis s'éclipsa, le roman serré contre son cœur.

Il lui restait une demi-heure avant le début du cours, juste le temps de faire un saut aux écuries et de dire bonjour aux Przewalski.

Debout devant le paddock, Ysée se tint silencieuse et immobile. Elle voulait seulement que les chevaux sentent son odeur, pour s'habituer à elle. Soudain, un mouvement attira son attention, tout au bout du bâtiment. Jena s'avançait furtivement vers la salle des professeurs. Curieuse, Ysée longea la bâtisse, sans un bruit. Elle aperçut Jena qui, dissimulée dans un box, écoutait les voix étouffées en provenance de la salle. Même si Ysée ne distinguait pas clairement tous les mots, elle avait reconnu M. Keating. Il parlait avec Mme Polsh, qui leur donnerait un cours de voltige dans moins d'un quart d'heure :

« Feeling, c'est du feeling.

– … pas évident de transformer un… atypique en… pionne.

– Pourtant, une fois… terminée, elle pour… vériser des records.

– … oblème, on le connaît et c'est… techni… »

Jena sursauta quand Ysée se glissa à ses côtés dans le box. La veille au soir, elle avait entendu les professeurs se donner rendez-vous pour un premier bilan du niveau des élèves. Elle s'était cachée là pour en savoir plus. Et voilà qu'Ysée débarquait alors même que M. Keating se déclarait impressionné par son rapport instinctif à l'animal !

Surprise, Jena adressa un sourire artificiel à Ysée, mais celle-ci se méprit sur sa signification :

« Ça va ? chuchota-t-elle, tu as l'air bizarre. »

Jena plaça un doigt sur sa bouche et hocha la tête. Tout allait bien. Ysée demanda :

« Ils parlent de qui ? »

Jena retint un grand soupir de soulagement. Ysée n'avait pas compris que les profs parlaient d'elle. Elle ignorait donc que, malgré sa faiblesse technique, M. Keating avait décelé chez elle un excellent potentiel. Elle répondit dans un murmure :

« Il parle d'une actrice qui doit venir faire un stage. Tu sais que l'école assure des formations pour le cinéma, et parfois pour des stars ! Ils essaient d'être discrets, mais je voulais découvrir de qui il s'agit. Ils n'ont même pas dit son nom. Viens, on s'en va, c'est bientôt l'heure. »

Jena tira Ysée par la manche du chemisier de son vieil uniforme. Elles contournèrent le bâtiment pour rejoindre le manège.

Parmi les élèves, Lally et Blaise discutaient à voix basse, leurs mains dissimulant leurs bouches. Ysée les observa avec un mélange d'envie et d'amertume. À qui souhaitaient-ils cacher la teneur de leur conversation ? C'était ridicule, personne n'allait lire sur leurs lèvres !

Alyson et ses copines furent les dernières à se présenter au cours. Mme Polsh regarda sa montre. À l'heure pile, elle commença.

Les explications sur les débouchés professionnels de la voltige occupèrent les premières minutes d'enseignement. La formation permettait de s'orienter aussi bien vers le cirque équestre, la conduite d'attelage, que le dressage cascade pour le cinéma. D'un mouvement du bras, la prof appuya sa conclusion :

« Mais, avant toute chose, la base consiste à apprendre à monter et à descendre d'un cheval sans l'aide des étriers, ni d'un tabouret, ni de la courte échelle de son voisin. Alors, au travail ! »

Trois chevaux, un surfaix[1] de voltige sanglé derrière leurs membres avant, patientaient dans le manège. Les élèves défilèrent les uns après les autres. Quand son tour arriva, Ysée attrapa la poignée du surfaix sur le flanc de Mister Mind et, prenant une impulsion sur sa jambe gauche, sauta sur son dos. Elle écarta ses bras à l'horizontale pour achever la figure. Puis elle laissa la place au suivant.

Les exercices s'enchaînèrent. Lally rencontra une difficulté pour monter à l'envers, en tournant le dos à la tête du cheval. Après trois essais ratés, elle fronça les sourcils, tendit ses muscles, sauta et se rattrapa *in extremis* sur le dos de Pop Corn. Son cri de victoire déclencha une salve d'applaudissements. Blaise prit son relais et provoqua des rires quand Pop Corn décida subite-

1. Sangle fixée sur le dos et le ventre d'un cheval et munie d'une poignée sur chaque flanc utilisée en voltige.

ment de l'emmener dans un coin du manège face au mur. Enfin arriva la dernière figure : se tenir debout, les yeux fermés alors que le cheval avançait au pas.

Alyson et Jena passèrent les premières. À les voir si à l'aise, Ysée entra sans aucune appréhension dans le manège. Elle se sentait prête à galoper debout sur son cheval, à garder son équilibre entre ciel et terre. Main sur la poignée, un saut, genoux sur le dos, les deux pieds, en quelques secondes, elle se retrouva debout. Mais, alors qu'elle fermait les yeux, le pas du cheval bouleversa son équilibre bien au-delà de ce qu'elle avait anticipé. Les bras étendus, ses pieds nus à l'affût des frémissements du cheval, elle se concentra, déterminée à trouver sa stabilité. Trois mètres plus loin, elle tombait lourdement dans les copeaux qui recouvraient le sol du manège. Ysée déchanta… La voltige ne ressemblait en rien à l'exercice léger et aérien qu'elle pratiquait en rêve ! À la fin du cours, peu d'élèves avaient échappé à la chute.

Pendant la pause, Ysée décida de repasser par le paddock des Przewalski. Léonard, assis sur une chaise en bois, tricotait. Il leva à peine les yeux, juste le temps d'un rapide bonjour de la tête. Ysée s'accouda à la palissade et demanda :

« Comment elle s'appelle ? »

Sans s'arrêter d'enchaîner les mailles de sa chaussette, Léonard comprit qu'elle parlait de la jument pleine. Il s'exclama :

« Tu as la tête dure toi ! Je t'ai déjà dit que c'était des animaux sauvages. On ne baptise pas les animaux sauvages. »

Ysée ne répondit pas. Le « clic clic » des aiguilles s'interrompit soudainement. Peu après, Léonard toussota et poursuivit :

« Sauf que, moi, je suis bien obligée de les appeler par leur nom.

– Pourquoi ?

– À cause des bonnets rouges. Ces maudits lutins, que de la mauvaise graine ! Dans l'ancien temps, ils volaient les bébés qui ne portaient pas de nom. Voilà pourquoi on s'empressait de baptiser les nouveau-nés. Les Przewalski ne sont pas du pays, je ne voulais pas qu'ils deviennent une cible pour ces blagueurs du petit peuple.

– Alors ?

– Alors, elle s'appelle Anaïr. »

Ysée répéta :

« Anaïr. Ça lui va bien. Vous avez bien fait, j'en suis sûre. »

Les aiguilles à tricoter cliquetèrent de plus belle.

Les deux heures d'équitation avec M. Keating passèrent vite. À la fin du cours, Ysée ramena Redsky à son box et prit tout son temps pour ôter son harnachement. Elle espérait ainsi ne pas avoir à faire le chemin vers le château avec Lally et Blaise. Mais un appel fit capoter son plan :

« Ysée ! Où es-tu ? »

La jeune fille guida Blaise vers le box de Redsky. Il surgit, faisant mine d'être en colère :

« Mais qu'est-ce que tu fais ? On a faim, nous, et on t'attend depuis au moins dix heures ! »

Interloquée, Ysée ne sut que répondre. Rejetée la veille, elle était la bienvenue aujourd'hui, c'était à n'y plus rien comprendre ! Blaise poursuivit :

« T'imagineras jamais ce qu'on t'a… »

Mais Lally, qui avait suivi Blaise, la bâillonna, la main sur la bouche, en le sermonnant :

« Tu parles trop, Blaise ! »

Puis elle se tourna vers Ysée :

« Et dire qu'on accuse toujours les filles de ne pas savoir tenir leur langue… »

Lally glissa sa main sous le bras d'Ysée et l'entraîna vers le château. Empruntant une voix hautaine, elle ordonna au jeune homme :

« Blaise, mon brave, vous voudrez bien fermer le box. Et fissa.

– Bien, votre Altesse », s'inclina Blaise.

Trop stupéfaite pour réagir, Ysée se laissa faire. Voilà trois jours que Lally l'évitait et, soudainement, elle agissait comme si elles n'avaient jamais cessé d'être les meilleures copines du monde ! Elle n'y comprenait plus rien, mais qu'importe ! Elle ne parvenait même pas à lui tenir rigueur de son comportement distant des jours précédents. Elle se sentait bien avec Lally et Blaise. Ils la faisaient rire. La conversation coulait si facilement qu'elle ne rencontrait aucune difficulté pour y participer. Si seulement cela pouvait être ainsi tout le temps !

16

Arach

L'après-midi s'achevait à peine et, pourtant, Ysée avait l'impression d'être debout depuis mille ans. Marche après marche, elle avançait avec précaution. Le bois grinçait, et elle s'étonna que ses articulations ne gémissent pas avec la même vigueur. Entre les chutes de la veille et les courbatures de l'équitation du matin, mieux valait adopter la lenteur d'une démarche de grand-mère pour atteindre la chambre.

Assis sur le palier du premier étage, Lukas déclama :

« Bel étalon, ô toi Sehor,
Tu sais bien que je t'adore,
Et pourtant, quel paradoxe,
Je te préfère, au calme dans ton box. »

L'improvisation déclencha le sourire d'Ysée :

« C'est vrai que, aujourd'hui, j'aurais bien laissé Sehor au box ! Je suis sûre qu'il apprécierait ta poésie…

– C'est du slam, précisa Lukas. Et, à voir ta démarche, je n'avais pas besoin de chercher l'inspiration bien loin ! »

Ysée s'esclaffa. La voix de Lally jaillit depuis le rez-de-chaussée :

« Qu'est-ce qui vous faire rire, là-haut ? »

Précédée par Tidoy, elle monta les escaliers en courant, mais, avant qu'elle ait pu en savoir plus, des cris leur parvinrent du deuxième étage. C'était Jena. Les deux filles se précipitèrent à son secours.

Quand Ysée et Lally, rejointes par Joyce, arrivèrent dans la chambre, Jena se tenait le dos collé à la porte, les yeux tournés vers les lavabos :

« Une araignée, énooooorme ! Et velue comme un yeti. Je vous préviens, je ne dormirai pas tant qu'elle restera dans cette chambre. »

Ysée ramassa une chaussure pour l'écraser, mais, d'un geste, Lally l'arrêta. La main en cloche, elle enferma la bête entre ses doigts et l'ôta délicatement du mur. Elle demanda :

« Quelqu'un aurait une boîte en carton ? »

Pour toute réponse, elle obtint des grimaces dégoûtées de ses trois compagnes de chambre. Elle insista :

« Jena, tu vas m'en chercher une ? Je ne voudrais pas être obligée de relâcher ton amie l'araignée !

– OK, OK, OK, ne lâche rien, je descends à la cuisine, je te ramène ça tout de suite », s'écria Jena avant de s'éclipser précipitamment.

Tidoy approcha son museau de la main de Lally. Elle l'ouvrit lentement pour observer l'araignée, tout en empêchant le chien de la toucher :

« C'est dommage de se débarrasser d'un si beau spécimen. Elle aurait pu nous tisser la plus efficace et la plus bio de toutes les moustiquaires ! Remarque, on peut essayer de l'installer sur la fenêtre, non ?

– Mauvaise idée, répliqua Joyce. Les araignées, je les préfère tatouées sur mon cou plutôt que planquées sous mon oreiller. »

Ysée leva la main :

« Je vote contre, moi aussi. Donc, à la majorité des membres de cette assemblée, l'araignée restera prisonnière.

– Vive la démocratie ! approuva Joyce.

– Ma pauvre chérie, chuchota Lally à la bestiole, n'écoute pas ces filles sans cœur. Moi, je connais ta beauté intérieure. Je ne te laisserai pas tomber ! »

Jena suivit avec attention le travail de Joyce. Guidée par Lally, cette dernière transformait en terrarium une boîte à chaussures donnée par Karvina à l'aide d'un cutter. Un morceau de collant tendu en travers faisait office de mur. Pendant que le palace de l'araignée prenait forme, Lally évoqua son amour des animaux :

« Bien sûr, j'aime les chevaux, et heureusement puisque j'ai grandi au milieu d'un ranch ! Mais j'aime aussi tous les autres animaux. Les poilus, les à plume, les petits et les gros.

– Mais pourquoi es-tu venue ici ? demanda Joyce, tu aurais été mieux dans un lycée agricole ou un zoo ! »

Lally désigna du menton la photo panoramique des coupes affichée au-dessus du lit de Jena :

« Je suis là, parce que mon père aimerait en avoir autant à mettre sur sa cheminée. Le cheval, c'est son truc. Et ça lui fait plaisir que je me perfectionne en équitation. Moi, ce que j'aimerais vraiment, c'est devenir vétérinaire. Je sais déjà presque tout sur la manière de soigner les chevaux. La preuve : au ranch, c'est toujours moi qu'on appelle avant l'arrivée du vétérinaire.

– Moi qui croyais que tu voulais être professeure agrégée spécialisée en stars et en VIP ! s'amusa Joyce en pointant du doigt les posters des chanteurs et comédiens accrochés au-dessus du bureau de Lally.

– L'un n'empêche pas l'autre ! Les stars aussi ont des animaux. Ils me réclameront pour soigner leurs bêtes. À moi les voyages en jet et les séjours au soleil ! Tandis que toi, tu… Tu veux quoi, d'ailleurs, qu'est-ce que tu feras plus tard ? »

Le regard de Joyce se perdit dans le paysage de la fenêtre ouverte :

« J'ai un rêve : entrer dans la troupe d'un grand cirque équestre. Dresser et monter mes propres chevaux. Ma grand-mère était écuyère dans sa jeunesse. Quand elle évoque cette période de sa vie, elle n'est plus seulement ma mamie ; elle devient une artiste, avec un orchestre dans la voix, de la lumière dans les yeux.

Mes parents me soutiennent, mais à une condition : que je vise l'excellence. Voilà pourquoi je suis là. Pour l'excellence.

– C'est exactement ça ! ajouta Jena, réfugiée sur son lit. Mais l'excellence, il ne faut pas seulement la viser, il faut l'atteindre. Qu'importent les sacrifices, qu'importent les stratégies, seul l'objectif compte. Moi, je veux être la meilleure et je le serai ! »

Les dernières paroles de Jena résonnèrent dans la chambre silencieuse. L'araignée était dans sa boîte de carton, mais nul ne s'en souciait plus. Les filles regardaient Jena, un peu stupéfaites de son emportement. Consciente de s'être laissée aller, Jena se tourna vers Ysée :

« Et toi ? Pourquoi as-tu choisi Ghorse Highschool ?

– Pourquoi ? Je ne sais pas. Je pense que… »

Ysée se tut. Ses idées se mélangeaient dans sa tête. Pourquoi était-elle venue ici ? La question ne s'était jamais vraiment posée. C'était comme ça, une évidence. Elle songea à sa mère et poursuivit, la gorge serrée :

« Ma mère déteste les chevaux. Elle croit que c'est à cause d'eux que mon père a disparu. Et maintenant, c'est moi qui l'ai quittée pour eux. Alors si je suis là, c'est parce que je suis égoïste, et parce que… »

Ysée s'interrompit une seconde avant de continuer :

« Comment vous expliquer ? Je n'ai pas le choix. J'ai besoin des chevaux. Ils ne trichent pas, eux. Ils me voient. Ils m'entendent. Ils me parlent. Avec un cheval, je ne suis plus seulement la timide Ysée. Sur un cheval, je me sens libre d'être ce que je suis vraiment au fond de moi. »

Un silence suivit ces derniers mots. Joyce et Lally se montraient émues, comprenant soudain la place que les chevaux occupaient dans la vie de leur amie. Mais Jena, elle, sentait la colère et le ressentiment monter en elle. Elle regardait Ysée, le visage dur. La passion de la jeune fille l'écœurait ! Les chevaux n'étaient pour elle que des outils, pas des amis ! Quelle bêtise, quelle naïveté de penser le contraire ! Passée maîtresse dans l'art de composer, elle reprit rapidement contenance, et s'efforça de paraître enthousiaste :

« Allez, les filles, fini les grands discours ! Il est temps d'aller déjeuner !

Ce soir-là, après trois tentatives ratées pour écrire une lettre à sa mère, Ysée lut le roman policier conseillé par le documentaliste. Lally était allée prendre sa douche, Joyce les avait laissées au retour du dîner pour parler musique avec Lukas. Assise à son bureau, Jena travaillait. Peu avant l'extinction des feux, elle rangea ses affaires, glissa ses lunettes dans son étui, aligna ses crayons et repoussa la chaise à sa place.

Avant d'éteindre, Lally proposa :

« Les filles, n'oubliez pas le petit baiser à notre amie Arach l'araignée ! »

Des exclamations horrifiées s'élevèrent des différents lits. Lally posa la boîte à chaussures sur le rebord de la fenêtre :

« Ne fais pas attention, ma toute belle. Les filles jouent les effarouchées, mais je suis sûre qu'elles t'aiment quand même ! »

Puis elle éteignit la lumière. Comme chaque soir depuis la rentrée, les volets étaient restés ouverts. Le vent s'était levé, et, pendant quelques secondes, le vol d'un oiseau nocturne perturba le calme de la nuit. Puis plus rien. Sans doute le prédateur avait-il fondu sur sa proie.

Ysée ferma les yeux, sa couette gonflée de duvet remontée jusqu'au menton. Dans la tiédeur de son lit, elle repensa à la soirée.

C'était la première fois qu'Ysée se livrait à des filles de son âge. Partager ce qu'elle ressentait l'avait apaisée. Désormais, les filles en savaient un peu plus sur elle. Ysée n'en éprouvait aucune crainte, elle avait confiance en ses compagnes de chambrée.

La langueur du sommeil déferla sur elle. Porté par la lande, le hennissement sonore d'un étalon glissa dans l'air frais de la nuit.

Couchée sur le dos, les yeux grands ouverts, Jena restait éveillée. Son cerveau continuait à travailler en silence. Elle lista les élèves de la classe, se remémora le rapide bilan des forces et des faiblesses qu'elle avait dressé pour chacun d'entre eux. Elle cernait aisément la capacité de chacun à évoluer techniquement. Si son estimation se confirmait, à échéance d'un an, elle les dépasserait. Une seule inconnue perturbait son équation du succès. Ysée.

17

Le concours

Fallait-il voir un signe du destin en cette journée du vendredi 13 ? La pluie brouillait le paysage jusqu'à le transformer en un tapis flou, vert et gris, aux parfums d'automne. Ysée observait avec anxiété les gouttes s'écraser sur les vitres de la salle de cours. Depuis le matin, le ciel n'avait cessé de déverser ses tonneaux d'eau.

Après la première leçon d'équitation, les élèves avaient été autorisés à changer leurs vêtements mouillés. Le deuxième cours pratique avait été annulé, remplacé par un cours théorique, à l'abri des quatre murs du château.

D'autres regards inquiets se tournaient vers la fenêtre. M. Keating s'étonna du calme régnant dans sa classe. Les bavardages avaient laissé place aux ruminations songeuses des élèves. Si le temps se maintenait, la première visite prévue pour le surlendemain à Kinlair, la petite ville voisine, serait compromise.

Le toc-toc à la porte détourna l'attention des élèves qui se levèrent en voyant entrer la directrice :

« Asseyez-vous ! »

L'ordre de Mme Stample déclencha un nouveau ballet de chaises raclant le sol. Le silence revenu, elle prit la parole :

« J'ai une nouvelle à vous communiquer. »

Le cœur d'Ysée s'accéléra. Elle n'espérait rien et pourtant, cette simple annonce créait une attente :

« Chaque année, au début du mois de décembre, les classes de première et de terminale participent au prestigieux concours des Écoles hippiques internationales, à Londres. Il s'agit là d'une occasion exceptionnelle d'affronter les professionnels de demain. Par un malheureux hasard, plusieurs élèves, retenus chez eux pour raison de santé, manqueront cet important rendez-vous et j'en suis désolée pour eux. »

Ysée repensa aussitôt à Ellen, une jeune Norvégienne de première dont Romain lui avait parlé dans l'avion. Une chute de varappe dans un fjord lui avait valu une intervention chirurgicale du genou ainsi qu'un séjour en centre de rééducation. Même si elle avait de bonnes chances de récupérer toute la mobilité de son articulation, elle ne réintégrerait le lycée qu'en janvier :

« Mais vous connaissez l'adage… Non ? »

La question de Mme Stample plana au-dessus des têtes, puis elle poursuivit :

« Le malheur des uns fait le bonheur des autres. Vos professeurs d'équitation et moi-même avons décidé de laisser à cinq d'entre vous la possibilité d'occuper ces places vacantes. »

Des murmures enjoués et des applaudissements saluèrent cette initiative. La pluie continuait son bruit de tambour, mais désormais celui-ci semblait enlevé, presque joyeux.

Mme Stample reprit la parole d'un ton sévère, et les chuchotements cessèrent aussitôt :

« Vous disposerez d'à peine un mois pour vous préparer à la sélection. Par ailleurs, les candidats retenus devront, avant le départ, avoir fini tout le travail scolaire que leurs camarades effectueront pendant leur absence. Cela représente une lourde charge. Enfin, nous retiendrons les candidats à l'aune de nos propres critères. Peut-être que nos choix vous paraîtront injustes, mais ils seront indiscutables. M. Keating, je vous laisse la parole ? »

Le professeur d'équitation toussa pour s'éclaircir la voix et expliqua :

« La sélection se déroulera dans un mois environ, le mercredi 16 octobre. Nous tiendrons compte du niveau des candidats, mais également de leur capacité à tirer un enseignement du concours. Chaque jour, la fin du cours sera dédiée à une mise à niveau en dressage et saut d'obstacle. Pour le plat et la mise en selle, ce sera à vous de vous débrouiller. »

La directrice laissa libre cours au brouhaha. Le niveau des élèves de seconde s'avérait très hétérogène. Et pour cause : certains avaient pratiqué durant deux ans avant de s'inscrire au lycée tandis que d'autres montaient depuis leur plus jeune âge. Le choix de limiter l'entraînement au dressage et au saut d'obstacle désavantageait ceux qui accusaient un retard. Ysée croisa le regard radieux de Jena. L'excellent niveau de la jeune Américaine lui ouvrirait à coup sûr les portes du concours. Il en allait tout autrement pour Ysée. Malgré son envie de partir à Londres, elle était lucide. Ses lacunes techniques la pénaliseraient lourdement.

Dès les premiers mots de la directrice, le silence revint à nouveau :

« Vous faites partie de Ghorse Highschool. Vous formez une équipe avant d'être des concurrents. Je compte sur vous pour vous montrer solidaires les uns des autres : que les plus performants épaulent les moins bons. Vous verrez qu'on a tous à gagner à ce type d'échange. Des questions ? »

Jena leva la main et demanda :

« Beaucoup d'entre nous voudront travailler au même moment, pendant le prochain mois. Nous autorisez-vous à nous entraîner dans la lande pour éviter d'encombrer les manèges ?

– Les conditions de sortie ne changent pas : être à deux minimum, obtenir la permission d'un adulte, compléter le registre d'écurie. D'autres questions ? »

À peine la directrice fut-elle sortie que les élèves s'interpellèrent à travers toute la classe. M. Keating renonça à poursuivre son cours. D'expérience, il savait qu'il était préférable d'attendre quelques minutes que l'excitation retombe plutôt que de dépenser de l'énergie en menaces inefficaces.

Jena en profita pour se retourner vers Ysée :

« Ysée ! Si ça te tente, je peux t'aider à t'entraîner. Une petite séance chaque soir dans la lande et, dans un mois, tu seras fin prête ! »

Stupéfaite, Ysée lui sourit :

« Bien sûr que ça me tente. Merci, Jena, c'est trop sympa ! »

Cette proposition était inespérée ! Jena appartenait au groupe des meilleures cavalières de la classe. Sa technique irréprochable et son habitude des concours aideraient Ysée à progresser rapidement.

De l'autre côté de la classe, Lally suggéra à son tour :

« Je peux venir dans votre groupe de travail ? Ce sera plus amusant à trois. »

Ysée s'apprêtait à lui répondre par l'affirmative, mais Jena la précéda :

« Honnêtement, Lally, je pense que ça ne t'aidera pas. Ysée a un gros retard à rattraper, ce qui n'est pas ton cas. Ton niveau est trop élevé pour que tu profites des leçons.

– N'aie crainte, belle Lally, rétorqua Blaise, tu galoperas à mes côtés ! Tu seras l'ange gardien de ma technique. »

Lally s'esclaffa et accepta de s'entraîner avec lui.

Markus et Lukas proposèrent de se joindre à eux. Lally plaisanta :

« Trois garçons pour moi toute seule ? Attention, les gars, je vous mènerai à la baguette.

– Joyce, suggéra Lukas, et si tu venais nous sauver des griffes de Lally ? »

Joyce leva un pouce en signe d'assentiment. Lally ajouta :

« On pourrait demander à Romain s'il veut être notre prof ! Je suis sûre qu'il est doué pour expliquer. »

Jena reprit sa place, un mince sourire sur ses lèvres. L'événement lui offrait ce qu'elle n'avait osé espérer : l'occasion d'infléchir l'avenir.

Alors que les groupes informels se constituaient, Alyson chuchota à sa voisine, juste assez fort pour qu'Ysée puisse l'entendre :

« On se met ensemble ? De toute façon, ils n'ont aucune chance ! »

Sa remarque acerbe ferma la parenthèse consentie par le professeur et, au fil du cours, l'excitation retomba. Dehors, l'averse avait laissé place à une pluie si fine qu'elle ressemblait à du brouillard.

Lorsque la sonnerie retentit, Ysée sortit de la salle parmi les derniers. Lally l'attendait et lui proposa :

« On fait un crochet par le distributeur avant d'aller au self ? Je t'offre un chocolat bien chaud en guise d'apéritif !

– Ne vous hâtez point, dames du château, s'exclama Blaise en passant ses bras sur leurs épaules, puis-je avoir l'honneur de me joindre à vous ? Il est si plaisant d'être en votre compagnie !

– OK, on t'accepte, le chevalier de l'incruste », rétorqua Lally en riant.

Les mains autour de son gobelet de plastique fumant, Ysée écoutait Lally discuter avec Blaise. Elle savourait le fait d'avoir sa place au sein de ce petit groupe, mais, au fond d'elle, son angoisse demeurait. Les choses s'étaient arrangées si rapidement avec Lally et Blaise qu'elle craignait que la tendance s'inverse à nouveau, tout aussi brutalement. Si encore elle avait identifié les raisons de ce revirement. Mais non, elle ne disposait d'aucune explication pour se rassurer. Mieux valait garder un livre avec elle, au cas où elle se trouverait contrainte d'affronter une nouvelle période de solitude. Cette idée l'incita à intervenir dans la conversation :

« Vous êtes déjà allés visiter la bibliothèque du château ? »

Blaise et Lally secouèrent la tête. Ils n'en avaient pas eu l'occasion :

« Je peux vous dire que ça vaut le détour ! On y fait un saut ? »

Les trois amis se dirigèrent vers la tour est. De timides rayons de soleil traversaient les fenêtres et émaillaient de lumière le vieux parquet de chêne. Pendant que Blaise choisissait un roman graphique et Lally une BD, Ysée rendit le livre qu'elle avait terminé pendant ses heures solitaires et en emprunta un nouveau. Elle espérait qu'elle disposerait de beaucoup moins de temps pour lire celui-ci.

18
Le luxe de l'amitié

Situé dans le prolongement du réfectoire, le foyer des élèves s'ouvrait sur l'arrière du château grâce à de grandes portes-fenêtres. Les élèves aimaient s'y retrouver pour s'y détendre, discuter, lire ou disputer une partie de jeu vidéo.

Ysée, Lally et Blaise longèrent le billard, contournèrent le baby-foot et se glissèrent vers l'espace bibliothèque où d'antiques sièges de bois sculptés côtoyaient de gros poufs colorés. Les trois amis se laissèrent tomber dedans, prêts à se plonger dans leurs ouvrages quand ils furent interrompus par la voix de Léonard :

« Le courrier est arrivé ! »

Ysée suivit la distribution, espérant une lettre, mais Léonard ressortit de la salle sans l'avoir appelée. Il revint peu après, un carton dans les bras :

« Ysée ! Voilà pour toi. Il y en a un second dans le couloir. »

Le souffle coupé par la surprise, Ysée sentit Lally la tirer par la main. Elle fonçait vers les colis en riant, sans s'occuper de ceux qui barraient le chemin :

« Eh ! Grandissez, on n'est pas en maternelle », lança Alyson en s'écartant avec mauvaise grâce.

Ysée ne prêta pas attention à sa pique. Debout devant le premier carton, elle déchiffra le nom d'une maison de vêtements de marque tendance sur l'emballage ainsi que le logo d'une société de livraison express. Impatiente, Lally s'exclama :

« Allez, vas-y, ouvre !

– C'est sûrement une erreur.

– Ouvre, je te dis ! Il n'y a pas cinquante Ysée Brumedor au lycée ! » s'écria Lally.

L'excitation contenue dans la voix de Lally contamina Ysée. Elle arracha le ruban adhésif, et sortit du colis une paire de jeans slim, deux pulls en cachemire, trois chemisiers et un sweat à capuche qu'Ysée adora dès la première seconde. L'incompréhension qui se lisait sur son visage déclencha un tonnerre de rires chez Blaise et Lally. Dans le foyer, les autres élèves observaient la scène avec amusement, curieux de connaître le fin mot de l'histoire. Lukas chuchota à l'oreille de Joyce :

« Tu étais au courant ?

– Non, sourit Joyce, mais c'est top pour Ysée. Ça la changera des vieilles frusques du grenier qu'elle porte en attendant de récupérer sa valise.

– Il n'y a pas d'erreur, c'est bien pour toi, Ysée ! expliqua Blaise. Dimanche dernier, on a contacté la grand-mère de Lally et elle a pris les choses en mains. Elle a un carnet d'adresses très bien rempli ! Dès lundi soir, une marque de créateurs nous a proposé certains modèles de l'année dernière. Mardi et mercredi, on n'a pas arrêté une minute ! Tu n'imagines même pas le temps qu'il faut pour tout organiser. On doit en être à autant d'e-mails que de brins d'herbe sur la lande ! Mais ça valait le coup, te voilà équipée avec les vêtements que tu mérites !

– Mais je n'ai encore jamais porté d'habits aussi… aussi… incroyables ! Lally, ta grand-mère est une fée, s'écria Ysée en se tournant vers son amie.

– C'est surtout une journaliste mode hyperpointue, répondit Lally en riant. D'ailleurs, elle a accumulé tellement de vêtements chez nous que ses armoires ressemblent à un showroom ! Elle a l'œil, ma grand-mère. Elle repère les jeunes talents et les soutient à leurs débuts. Pour une fois qu'un de ses "poulains" pouvait lui renvoyer l'ascenseur, il ne s'en est pas privé ! Et maintenant, déballe le second carton ! »

Sans se faire prier, Ysée l'ouvrit et y trouva un manteau de laine noire, une tunique de soie, des tee-shirts graphiques et des bottines fourrées.

Les larmes aux yeux, elle se jeta dans les bras de Lally. Blaise protesta :

« Et moi ? J'ai aussi contribué à l'affaire ! »

Lally et Ysée l'attirèrent à elles en riant, et Blaise s'écria d'une voix étouffée :

« Ça y est, c'est vérifié ! Les filles ne font rien que pleurer toute la journée ! »

En représailles, Ysée et Lally le renversèrent sur un pouf.

Émerveillée, Ysée ne se lassait pas d'admirer ses nouveaux vêtements. Ils étaient tous tellement fabuleux ! Assise dans un pouf, Lally feuilletait des magazines de mode espérant trouver des mannequins arborant les mêmes modèles que ceux d'Ysée.

Alyson s'approcha des deux amies. À son éternelle moue de mépris s'ajoutait quelque chose d'inhabituel sur son visage. Était-ce la lueur dans ses yeux ? Ou le fait qu'elle pinçait inconsciemment sa lèvre inférieure entre ses dents ? C'était difficile à déterminer, mais de toute évidence, la condescendance ne constituait plus qu'une façade pour dissimuler son envie d'explorer le contenu des paquets. Pour elle, qui ne portait que des vêtements de marque, cet intérêt n'avait rien de surprenant :

« Je peux jeter un coup d'œil ? » demanda-t-elle d'un air faussement indifférent.

D'un geste du bras, Ysée l'invita à regarder. Soudain, la tenue d'Alyson paraissait presque défraîchie, son pull boulochait un peu, l'ourlet de sa manche droite était défait. La jeune fille reposa les pièces qu'elle avait détaillées avant de rejoindre le billard. Lally l'entendit dire à ses copines :

« C'est vrai qu'ils sont beaux, mais j'aurais honte d'être vêtue en faisant appel à la pitié des gens. S'il faut compter sur la charité pour s'habiller, non merci. »

Lally coula un regard vers Ysée, mais heureusement, son amie ne semblait pas avoir pas entendu la remarque désagréable d'Alyson. Lally s'en réjouit : elle connaissait encore peu Ysée, mais elle sentait palpiter en elle beaucoup d'amour-propre. Qui sait comment elle aurait réagi ? Elle aurait sûrement refusé de porter des vêtements sur lesquels clignoterait l'étiquette virtuelle « don de bienfaisance ». En apercevant Alyson se retourner subrepticement pour observer l'effet de sa remarque, il vint à l'esprit de Lally que c'était justement l'objectif : inciter Ysée à refuser ce cadeau. Alyson ne souhaitait pas être concurrencée sur le terrain des marques. Jusque-là, Lally avait été la seule à posséder des vêtements aussi chics et chers qu'Alyson, mais son style, bohème, coloré et original était trop différent du classicisme d'Alyson pour risquer de lui faire de l'ombre.

Lally fronça le nez. Elle ne comprenait pas comment on pouvait réagir avec autant d'égoïsme !

Ignorant Alyson, Lally tendit un magazine ouvert à Ysée :

« Là ! Delly Jonas porte la même tunique de soie que la tienne. Et cette fille, c'est une icône de mode ! Tu te rends compte un peu… Elle s'habille comme toi ! »

Alyson revint sur ses pas et pointa la photo du doigt :

« Eh ! Mais je reconnais cet endroit ! C'est là que j'ai passé l'été. Là, derrière les enfants du couple star, vous voyez la villa de luxe ? J'y occupais une chambre magnifique, directement ouverte sur le parc. »

Satisfaite de sentir les regards se tourner vers elle, elle poursuivit :

« J'ai hâte de savoir ce que ma mère me réserve pour les vacances de Noël. Megève ou Courchevel ? »

Sa remarque déclencha les commentaires des uns et des autres sur leur destination de vacances. Ysée leva les yeux du magazine *people*. Des images défilaient dans sa tête. Pour elle, l'endroit n'avait pas d'importance. Elle aspirait plutôt à profiter d'un bon moment avec sa mère devant la cheminée, à caraméliser des guimauves au bout d'une brochette. Elle repensa à ce Noël si marquant, celui de ses 10 ans. Ce jour-là, elle avait enfin osé poser la question qui la taraudait : qu'était-il advenu de ce père qu'elle n'avait pas connu et dont sa mère ne lui parlait jamais.

La réaction glacée de sa mère l'avait saisie :

« Ton père ne s'est pas soucié de toi. Pour moi, il est mort. Ou tout comme. »

Le chagrin contenu dans les paroles de sa mère l'avait dissuadée de poursuivre son enquête. Ses seules informations lui vinrent de Béa qui avait suivi la carrière hippique de ce jockey célèbre, jusqu'à sa disparition. La directrice du centre équestre lui avait rapporté que sa mère avait tenté de le retrouver. En vain, c'était comme s'il s'était évaporé, sans laisser la moindre trace derrière lui.

Depuis, Noël n'avait jamais été une période agréable pour Ysée qui espérait que, un jour, peut-être, la vraie douceur de ce moment reviendrait.

« Ouhou ! Ysée ! Tu es avec nous ? »

L'exclamation de Lally ramena Ysée au moment présent. Joyce, Lukas, Blaise et Jena se tenaient face à elle et tous exigèrent d'elle un passage par la cabine d'essayage. Ysée leur sourit, attrapa un ensemble haut/bas et s'enferma aux toilettes pour l'enfiler. Au grand dam d'Alyson, toute l'attention se reporta sur Ysée à son retour dans le foyer. Elle défila, une main sur la hanche, dans une tentative maladroite d'imiter la démarche des mannequins. Blaise applaudit le premier, aussitôt suivi par les autres. Le jean slim et le chemisier lui allaient à la perfection. Quelle transformation ! Ysée parvenait à peine à se reconnaître. Cependant, la joie qu'elle ressentait ne venait pas de cette nouvelle image. Elle avait enfin compris pourquoi Blaise et Lally l'avaient tenue à distance ces jours derniers. Portés par leur enthousiasme, et tout entiers concentrés sur leur projet, ils ne s'étaient pas rendu compte qu'Ysée restait seule. La jeune fille se sentait légère : ce n'était pas parce qu'elle n'était pas aimable qu'ils l'avaient esquivée. Le bonheur de cette découverte emplissait son cœur d'un soulagement mêlé de gratitude. L'espoir reprenait vie, celui de construire une véritable amitié. Et ce trésor valait bien davantage que tous les vêtements tendance du monde.

19

Connexion

Ysée leva la tête de sa feuille d'équations. Dans la classe, les autres achevaient de résoudre les énoncés de mathématiques.

Dehors, la pluie n'était plus qu'un souvenir. La terre, gorgée d'humidité, se réchauffait aux rayons du soleil et les gouttes, retenues par les herbes et les feuillages, se transformaient en brouillard, couvrant le sol d'un nuage de brume. Ici ou là jaillissaient un rocher, un arbre, une souche. Ce paysage dégageait une telle magie que les pensées d'Ysée s'échappèrent du carcan des équations pour s'en aller vagabonder.

Ysée se sentait bien. Elle portait son jean slim, un pull très fin porté à même la peau et ses bottines fourrées. Mais soudain, en se repassant le film de cet instant mémorable au foyer, elle exécuta un brusque arrêt sur image. Dans l'euphorie du moment, elle n'avait pas relevé une remarque qui désormais l'intriguait. Blaise avait précisé qu'ils avaient « contacté » la grand-mère de Lally. Il avait également parlé de coups de fil et de mails, alors que les téléphones étaient sous clé, dans le bureau de la directrice. À moins que Lally et sa grand-mère ne soient douées de télépathie, il était impossible de réussir à prendre contact assez rapidement pour obtenir une livraison de vêtements cinq jours après la rentrée.

Ysée déchira le coin d'une feuille blanche en guise de message.

« comment
avez-vous
contacté la
GM de L. ?
Ysée ».

Elle plia le morceau de papier jusqu'à ce qu'il ne dépasse pas la taille d'un ongle, et nota dessus : « Blaise ».

Un tapotement de l'index sur l'épaule de Markus assis devant elle, et le message commença son voyage vers son destinataire. La réponse arriva deux minutes plus tard. Ysée déroula le papier.

« T'en as mis du temps à réagir ! Pour la solution du mystère,
RDV après le dîner devant le local de la chaudière. »

Elle leva les yeux du papier pour croiser le regard faussement innocent de Blaise. Ysée décida de poursuivre son enquête dès que possible. À la sonnerie, elle se précipita dans le couloir pour y rattraper Lally qui discutait avec Jena et Joyce. Elle demanda :

« Qu'est-ce que c'est que cette histoire de chaudière ? »

Au vu de l'expression de leurs visages, Jena et Joyce n'étaient pas au courant. Blaise surgit derrière le groupe. Il s'exclama sur le ton de la conspiration :

« Lally, ne dis rien ! Sinon… tu retrouveras du crottin fumant en guise de bouillotte dans ton lit. »

D'un doigt sur ses lèvres, Blaise invita les filles au silence. Du menton, il désigna Alyson qui se tenait à courte distance :

« Pas de révélation quand des espions potentiels traînent dans les parages.

– Tu as raison, approuva Lally. Je n'ai aucune confiance en elle. »

Blaise partit à toute allure pour rattraper ses copains. Elle ajouta :

« Patience, les filles. Vous aurez la solution de l'énigme après le dîner ! On va faire un tour au distributeur ? »

Les quatre filles se mirent en route. Jena précisa :

« Je vous accompagne, mais pas de boisson pour moi. Ces trucs sont bourrés de sucres cachés ! »

Avec le crépuscule, le calme était tombé sur le château. Quelques élèves étaient montés dans les chambres après le repas, d'autres avaient gagné la salle télé, la plupart préféraient passer la soirée au foyer. Comme le week-end arrivait, il n'y avait pas d'urgence à faire les devoirs.

Discrètement, un petit groupe d'élèves de seconde se forma dans le hall, bientôt rejoint par Blaise et Romain. Lally donna un coup de coude à Ysée en apercevant le garçon qui s'approchait :

« Vas-y, je te rejoins ! »

Un grand sourire aux lèvres, la jeune fille s'avança vers Romain. Elle avait déjà à l'esprit deux ou trois sujets de conversation pour engager la discussion.

Mais alors que le groupe s'apprêtait à suivre Blaise, Alyson traversa le hall. Blaise s'arrêta aussitôt et, pour éviter de vendre la mèche, toutes les personnes présentes s'appliquèrent à discuter en petits comités, aussi naturellement que possible. Alyson fronça les sourcils, se doutant de quelque chose. Ce rassemblement n'avait rien de normal. Blaise se mordit l'intérieur des lèvres : si elle donnait l'alerte, tout son projet tomberait à l'eau.

N'ayant pas remarqué Alyson, Lally s'arrêta à un mètre de Romain et lui demanda :

« Tu pourrais me donner un conseil ? Hier, j'ai voulu… »

Elle s'interrompit en pleine phrase, car Romain l'ignorant totalement s'éloigna pour attraper Alyson par le bras en lui disant :

« Dis donc, j'ai pas une revanche à prendre au baby-foot, moi ? »

Lally regarda le couple se diriger vers le foyer des élèves. Mâchoires serrées, elle tentait de garder son humiliation secrète malgré ses joues en feu. Romain ne lui avait même pas jeté un coup d'œil ! Il n'avait pas daigné lui adresser un « excuse-moi » en s'éclipsant auprès de cette peste d'Alyson. Et ce n'était pas la première fois qu'il la laissait en plan ! Oh ! Elle aurait eu envie de bourrer un punching-ball de coups de poing. Mais, à la place, ne voulant pas montrer sa déception, elle se contenta de serrer les dents et de suivre Blaise et les autres en direction des cuisines.

Au fond des cuisines, une double porte coupe-feu s'ouvrait sur un escalier en béton, éclairé par des lampes industrielles. Une fois descendue, la petite troupe longea un long couloir jalonné de lourdes portes en bois qui laissaient passer un courant d'air. Une odeur de terre mouillée leur parvint et des petits bruits, impossibles à identifier, emplissaient les lieux d'une étrange musique. Joyce s'exclama :

« Ça doit être le paradis des rats, dans le coin ! Je vous préviens, si j'en attrape un, vous devrez tous l'accepter comme mascotte du lycée !

– Ça me plairait bien, je pourrais t'aider à l'apprivoiser », répondit Lukas en riant.

Le groupe continua d'avancer en silence. Sur les murs de pierres, de gros anneaux de fer rouillés se trouvaient scellés à intervalles réguliers. Blaise chuchota :

« Il y a le squelette d'un prisonnier supplicié un peu plus loin. »

Quelques rires crispés se firent entendre. Chacun ressentait une légère inquiétude mêlée à l'excitation de l'interdit.

Le couloir n'en finissait pas. Ysée estima qu'ils avaient probablement traversé le château dans sa longueur et qu'ils devaient avoir atteint l'aile est. Blaise confirma son analyse en désignant un escalier tout au bout de la galerie :

« Là, c'est l'accès normal à la chaufferie. Mais, comme la porte se situe dans les locaux de l'administration, c'est un peu risqué. Le détour qu'on a fait est une mesure de sécurité. »

Blaise poussa la porte du local. Il y avait une quantité de tableaux électriques récents, des rails d'aluminium qui soutenaient les tuyaux courant sous le plafond ainsi qu'un extincteur. L'ensemble conférait un aspect tout à fait moderne au château. La pièce était chaude ; une table faite de cartons avait été posée sur le sol de béton. On entendait le ronronnement d'un panneau de commande informatisé. Un ordinateur trônait sur la table.

En quelques clics, Blaise ouvrit une vidéo sur *social life*. Il désigna l'écran de la main et s'exclama :

« Tadam ! Une connexion Internet toute belle, toute rapide !

– Tu as piraté le wifi ? » interrogea Joyce.

Blaise approuva d'un hochement de tête :

« Mais comment as-tu fait ? Je n'ai jamais trouvé de réseau, ni depuis le premier étage, ni depuis le second », s'étonna Jena.

Blaise les observa tous à tour de rôle puis se décida enfin à briser le suspense qu'il avait instauré :

« Débrouillardise, intelligence, sens inné de la technologie… j'ai mis à contribution toutes mes qualités ! avoua-t-il d'un air triomphant.

– Et en vrai, comment as-tu fait ? » demanda Lukas.

Blaise indiqua le plafond du doigt et expliqua :

« Au-dessus, ce sont les locaux de l'administration. Mardi après-midi, j'ai fait une petite visite, comme ça, histoire de me présenter et de déposer mon certificat médical. Il n'y avait personne dans le bureau, mais la secrétaire avait noté son identifiant et son mot de passe sur un post-it collé à l'écran de son ordinateur. Ce n'est pas plus compliqué que ça ! Le problème, c'est que le wifi de l'administration ne traverse pas la dalle des étages, d'où ma présence dans la cave. Et, comme je suis connu pour être généreux, j'ouvre volontiers l'accès de mon bureau espion à toutes les personnes dignes de confiance. Il n'y a plus qu'à apporter deux ou trois coussins pour rendre la webcave confortable. Si j'en crois le planning affiché sur la porte, la prochaine révision de la chaudière est prévue pour novembre… Ça nous laisse le temps de nous retourner. »

Blaise fut applaudi, Ysée déposa un baiser sur sa joue et lui chuchota à l'oreille :

« S'il existait une classe affaires au lycée, tu y aurais ta place VIP ! »

De retour dans leur chambre, les filles se préparèrent à aller dormir. Lally glissa un moucheron dans la boîte d'Arach avant de gagner son lit. Jena, Joyce et Ysée se couchèrent quelques minutes après. Toutes étaient plongées dans leurs pensées quand, tout à coup, la voix de Jena brisa le silence :

« Lally, tu ne serais pas un peu amoureuse de Blaise ?

– Non ! protesta Lally, je considère Blaise comme le frère que je n'ai jamais eu. En revanche…

– En revanche quoi ? Ton cœur est déjà pris ? »

La question de Jena décida Lally à se confier :

« Je veux bien vous le révéler, mais ensuite ça sera à vous de me dire de qui vous êtes amoureuses.

– J'ai bien d'autres priorités que de penser aux garçons ! se défendit Jena.

– Tant mieux ! Parce qu'avec ton physique de top model, on n'aurait plus aucune chance. »

La remarque de Lally laissa Ysée songeuse. Elle osa :

« Je sais bien que la beauté est importante, mais il n'y a pas que ça qui joue…

– Pour toi, Ysée, c'est facile : avec ton petit air de sauvageonne trop craquant, ton rire hypercommunicatif et ta sensibilité, tu ne manqueras jamais de prince charmant ! »

Ysée sentit son cœur se serrer. Lally se trompait, elle l'avait bien mal cernée. Pendant toutes ses années de collège, elle avait regardé avec envie les autres filles se nicher dans les bras d'un garçon. Mais elle n'avait jamais eu l'occasion d'en faire autant. Et d'ailleurs, qui aurait pu souhaiter partager du temps avec elle ? En dehors des échanges sur l'équitation, elle laissait toutes les conversations s'éteindre. Elle n'osa pas avouer qu'elle n'avait encore jamais embrassé un garçon. Comme elle se sentait bête ! Elle ne savait même pas ce que « tomber amoureuse » signifiait vraiment. Et pourtant, elle aurait tant voulu connaître cette vague qui fait palpiter le cœur, qui emporte toutes les pensées dans son sillage… Et si elle était incapable d'aimer ?

« Et toi, Joyce ? interrogea Jena, tu as repéré quelqu'un qui te plaît ?

– C'est trop tôt.

– Trop tôt pour repérer ou trop tôt pour nous le dire ? »

Joyce haussa les sourcils et ne répondit rien. Le mystère resterait entier.

Le silence revint dans la chambre. Seuls les cris des oiseaux de nuit vinrent le perturber. Jena insista :

« Alors, Lally… c'est qui ? »

L'Américaine poussa un soupir de soulagement :

« Aah ! J'ai bien cru que vous n'alliez jamais me le demander ! »

Et Lally leur parla alors de Romain.

20
Dans la lande

Ysée s'étira, mains tendues vers le plafond. Elle écouta le chant des oiseaux qui annonçait une belle matinée. Le vent avait chassé les nuages de la veille ; il faisait beau. Quelle bonne nouvelle en ce premier samedi de liberté au lycée !

Elle attrapa sa montre sur l'étagère accrochée en bout de lit. Six heures ! Il n'était que 6 heures ! Elle retint *in extremis* une exclamation de surprise. Dans la chambre, les autres filles dormaient encore.

Ysée hésita un instant à replonger dans les bras de Morphée. Mais sa fatigue s'était dissipée et l'odeur fraîche de la rosée déposée par la nuit l'attirait.

L'échelle du lit grinça à peine. Elle saisit ses vêtements flambant neufs, ses bottes, sa serviette et sa trousse de toilette puis, se glissa dans le couloir désert. Après une bonne douche tiède elle descendit jusqu'au palier du premier, ses doigts frôlant le mur de pierres. Les marches de l'escalier craquèrent, pour le principe. Ysée songea que le château paraissait d'humeur joviale, comme si, pour lui aussi, le samedi constituait une belle journée. Puis elle haussa les épaules. Comme si une bâtisse avait des humeurs ! L'aube lui donnait de drôles d'idées.

Ysée se dirigea vers la pelouse sur la pointe des pieds, ses bottes à la main. Elle tournoya sur l'herbe avec la sensation de s'envoler, puis, ayant le tournis, s'adossa à un tronc. Sur la lande, les herbes dressées vers le soleil émergeaient du brouillard. La lumière était si pure à cette heure que le paysage semblait ne comporter aucune limite, hormis celle de l'imagination de ceux qui l'admiraient.

Ysée inspira l'air frais. Elle avait hâte de débuter sa séance de travail avec Jena pour découvrir les landes encerclant le château.

En attendant, elle chaussa ses bottes et se dirigea vers les écuries. Elle s'était portée volontaire pour assurer la corvée d'entretien des box en ce premier week-end.

L'écurie résonnait des mille et un bruits de la vie des chevaux. Ysée s'engagea dans la travée principale. À sa vue, des têtes curieuses jaillirent des box. La jeune fille n'oublia aucun cheval : une caresse sur les naseaux de l'un, une flatterie sur l'encolure et une chatouille sous le toupet de l'autre… Pop Corn la salua à sa façon en saisissant la ficelle de sa capuche entre ses dents. Ysée s'exclama en souriant :

« Veux-tu bien me lâcher ? Sais-tu que tu mâchouilles un lacet de marque ? »

L'animal espiègle ignora l'injonction. Il ne consentit à libérer Ysée que lorsqu'elle lui eut promis un morceau de fruit de son petit déjeuner.

Achevant son tour des box, Ysée s'avança vers le paddock des Przewalski. Elle fit silencieusement glisser le verrou de la porte. Depuis une semaine, elle venait quotidiennement imprégner les chevaux de son odeur et elle constatait une évolution.

Anaïr, la jument pleine, ne manifesta aucun signe d'affolement. Les autres suivaient la jeune fille des yeux, sans toutefois se laisser approcher. Ysée comprit leur message. Si les chevaux préhistoriques la toléraient dans leur enclos, ils veillaient à conserver leur espace privé. Elle décida donc de s'adosser au mur, sans bouger. C'est alors qu'elle aperçut Léonard, accoudé à la palissade. La surprise se peignit sur son visage. Le vieil homme avait-il un sixième sens qui l'alertait des intrusions ?

« Bonjour, Léonard. »

Le palefrenier fronça les sourcils en une vaine tentative de se montrer fâché :

« 'Jour. C'est pour embêter ces pauvres bêtes que tu t'es levée aux aurores ? »

Les chevaux avaient repris leurs activités, mais se tenaient tout de même à l'affût. À la voir agir avec les Przewalski, Léonard sut qu'Ysée n'avait nul besoin de cours d'éthologie pour comprendre les chevaux ; son instinct la guidait plus sûrement qu'un professeur :

« Ces bêtes-là sont comme des Selkies, Ysée, tu dois rester vigilante.

– Des Selkies ?

– Les Selkies sont des créatures marines. Lorsqu'elles viennent s'amuser sur une plage, elles ôtent leur fourrure de poil et se transforment en femmes de grande beauté. Il arrive que des hommes en tombent amoureux. Alors, ils cachent leurs peaux pour qu'elles ne puissent plus repartir. Ils s'assurent ainsi qu'elles resteront sur terre auprès d'eux. Puis les Selkies leur donnent des enfants. Mais elles n'oublient jamais leur passion des flots. Il suffit qu'elles retrouvent leur pelisse pour abandonner mari et enfants et replonger dans l'océan telles les créatures aquatiques qu'elles n'ont jamais cessé d'être.

– Quel est le rapport avec les Przewalski, Léonard ?

– Ces chevaux ne sont pas comme les autres. Un jour, tu auras peut-être l'impression de les avoir apprivoisés. Mais tu te tromperas, de la même manière que ces hommes qui passent des années auprès de leurs femmes Selkies. Les Przewalski sont des animaux sauvages, instinctifs, imprévisibles. N'oublie jamais ça. »

Ysée sortit du paddock, pensive. Mais, alors qu'elle s'apprêtait à se mettre au travail, Léonard l'interpella :

« J'aimerais te demander un service, Ysée. J'ai un vieil ami qui habite à une petite heure de cheval sur la lande. Il doit partir suivre une rééducation pour son poignet à Glasgow. Il aura besoin de quelqu'un pour soigner son étalon. Je voudrais être sûr qu'il a trouvé une solution. J'ai vu sur le cahier que tu sortais sur la lande... Est-ce que tu voudrais bien aller le voir un de ces jours, en passant ?

– Pourquoi ne l'appelez-vous pas ? »

Léonard grogna :

« Pas question que je m'abaisse à prendre des nouvelles de ce vieux grigou. On s'est un peu disputés, oh pas grand-chose, mais c'est à lui de faire le premier pas ! En revanche, si toi, tu passes comme ça, par hasard... »

Ysée étouffa un petit rire. Léonard avait beau porter de belles moustaches blanches, il agissait comme un véritable enfant ! Puis elle songea à l'entraînement prévu tous les soirs de la semaine à venir. Elle serait occupée une grande partie de son temps jusqu'à la sélection pour le concours. Léonard lui expliqua le trajet, qui lui parut simple. Ysée décida donc de faire l'aller-retour juste après sa première séance avec Jena. Ainsi, elle n'empiéterait que sur son repos et non sur l'entraînement ou ses nombreux devoirs :

« Pas de problème, Léonard, j'irai en fin de journée. Et maintenant, à l'attaque ! Si je veux avoir rafraîchi les box avant le petit déjeuner, je ferais bien de m'y mettre. »

En début d'après-midi, Jena et Ysée passèrent par la salle informatique. Comme la directrice l'avait promis, l'antenne réseau du wifi fonctionnait dans les étages le week-end. Ceux qui possédaient un ordinateur s'installaient à l'ombre des arbres centenaires du parc, les autres devant les écrans de la salle.

Ysée lut un e-mail de sa mère qui, entre deux choses anodines, lui disait qu'elle l'aimait et qu'elle lui manquait. Elle commença à rédiger une réponse. Son absence impactait probablement le moral de sa mère. Mais il lui semblait trop difficile de trouver les mots justes. Elle enregistra son brouillon puis cliqua sur l'e-mail suivant.

Une photo du centre équestre de Béa remplit tout l'écran. Les membres de son ancien club avaient noté un petit mot d'encouragement sur l'affiche accrochée depuis des années au-dessus du bureau, dans la salle des moniteurs. Béa lui avait envoyé ce cliché et un long message, beaucoup plus prolixe que celui de sa mère. Ysée sourit en le lisant. Béa racontait par le menu tous les événements du centre équestre, depuis le passage du maréchal-ferrant jusqu'aux nouvelles des poulains. Elle posait également tant de questions qu'il était impossible à la jeune fille de répondre à toutes ! Ysée lui écrivit tout de même quelques phrases pour la rassurer.

Un peu plus loin, assise en tailleur et les yeux fixés sur son écran, Lally commentait chacun des *tweets* rédigés par ses stars préférées durant la semaine ; ses lamentations couvraient le brouhaha des conversations :

« Oh, non ! Mais comment j'ai pu rater ça ! La prochaine fois, je m'enferme dans la chaufferie tous les soirs… »

Elle entreprit ensuite de faire le tour de la salle informatique pour montrer à tous ses amis sa page perso sur *social life*. Conseils de mode, photos décalées et infos VIP s'y côtoyaient en une joyeuse farandole. Jena ne l'entendit pas arriver et sursauta quand Lally s'écria :

« Décolle de Google, Jena ! Quelle importance de savoir qui sont les membres du jury du concours de Londres ! L'info qui compte, c'est la liste des prochains invités de la Fashion Week ! »

Jena serra les dents et se retourna en faisant mine d'apprécier l'intrusion de Lally. Elle se leva :

« Tu as raison, on s'en moque. Tu viens Ysée ? On part travailler ! »

Ysée déconnecta sa messagerie :

« Je suis prête. »

À peine le portail du parc franchi, Falko donna un grand coup de tête pour se libérer de ses rênes et profiter de l'herbe fraîche, mais Ysée reprit la main. Derrière elle, Jena menait Sehor.

Elles repérèrent une petite zone plane qui se prêterait à l'entraînement. Il n'y avait ni barrière, ni maison, ni route ; le paysage se déroulait à l'infini.

Impatiente de commencer, Ysée lança Falko au galop. Elle se sentit tout à coup légère et puissante, minuscule et imposante. Pleine de joie, elle sut qu'elle allait trouver sa place sur cette terre sauvage.

21
Le vieux McLagor

L'ordre de Jena ramena Ysée à la raison. Il n'était pas question de grimper jusqu'au sommet du Mont de la Croix ! Ysée revint donc au trot, le visage empreint d'un tel bonheur que Jena sentit la jalousie l'envahir :

« Je dois être cramoisie ! s'exclama Ysée en tapotant ses joues. Tu devrais essayer Jena, c'est si agréable de se faire emporter comme ça !

– Je te rappelle que nous sommes là pour l'entraînement. »

Ysée eut honte, tout à coup. Jena lui consacrait du temps alors qu'elle-même ne pensait qu'à laisser son cheval s'emballer sur la lande ! Falko tira sur le mors pour protester contre la soudaine tension qu'il percevait.

Les deux filles et leurs montures travaillèrent les figures sur le plat et les exercices d'assiette. Les conseils de Jena faisaient prendre conscience à Ysée de toutes ses mauvaises habitudes. Son moral descendit en flèche. On était le 14 septembre, la sélection aurait lieu le 16 octobre, un mois plus tard. Découragée, Ysée mesurait l'énorme travail qui lui restait à accomplir.

Le retour vers le lycée s'opéra d'abord en silence. Falko ne tentait plus d'arracher les appétissantes touffes d'herbes au passage.

Puis Ysée se décida à parler :

« Vu mon niveau, il vaudrait mieux que j'abandonne. Après tout, je pourrai toujours participer au concours l'année prochaine. »

Ysée s'attendait à une levée de boucliers de la part de Jena. Elle était persuadée que son amie l'encouragerait. Il en alla tout autrement :

« Je comprends que tu n'aies pas envie de continuer. Tu vas te donner du mal alors que tu es sûre d'échouer à la sélection. »

L'attitude de Jena déclencha une vive réaction chez Ysée. Elle crispa ses mains sur les rênes et sentit la détermination s'emparer d'elle. Non, elle ne laisserait pas tomber. Non, elle ne renoncerait pas aussi vite. Elle irait jusqu'au bout, quoi qu'il lui en coûte !

Falko fut bouchonné et pansé avec une vigueur à laquelle il n'était pas habitué, mais il apprécia le traitement. Ysée lui tapota la croupe en guise d'au revoir, et ferma le box. Elle jeta un coup d'œil aux Przewalski et se souvint soudain de sa promesse à Léonard. Elle avait oublié de passer voir son ami ! Pour ressortir, elle avait l'obligation d'être accompagnée. Mais qui accepterait à cette heure tardive de l'après-midi d'aller rendre visite à un vieil Irlandais ?

Jena déclina la proposition. Ysée courut vers le château.

Allongée sur un pouf du foyer des élèves, Lally secoua la tête :

« Désolée, j'emmène Tidoy dehors pour une leçon de dressage au sifflet à ultrasons. On remet ton excursion à demain ? »

Ysée préférait se débarrasser de la corvée au plus vite. Comme Blaise, Lukas, Markus et Romain n'étaient pas encore rentrés de leur promenade au loch, elle sollicita Joyce. Son amie avait prévu de rester au calme pour écrire ses e-mails :

« Je n'ai pas trop envie de t'accompagner, Ysée. Mais, si tu veux, je te couvre ? Tu n'as qu'à marquer mon nom sur le cahier d'écurie. Ça te va ? »

Pour toute réponse, Ysée embrassa ses mains et souffla son baiser.

Jena attendait Ysée dans la travée principale des écuries :

« Je t'ai sellé Oural, pour que tu gagnes du temps !

– Merci Jena, tu es une vraie copine ! »

Ysée se hissa sur le dos de son destrier. Jena l'observa pendant qu'elle s'éloignait au galop dans la lande. Elle soupira :

« Je suis une copine qui a des priorités. Désolée, Ysée. J'aurais préféré que tu renonces à l'entraînement. »

Après un quart d'heure, Ysée atteignit le bas des collines qui s'élevaient sur la lande. Elle évita la forêt, comme le lui avait conseillé Léonard, et gravit le col le plus proche. Pour redescendre, elle mit Oural au pas. Le parfum des fougères, de la bruyère et des lichens se mêlait à l'odeur des moutons à tête noire. Ysée inspira profondément. Elle aurait aimé vivre là, dans une petite maison de pierres, avec un potager… Une maison comme celle qu'elle avait sous les yeux. Elle était enfin arrivée.

Elle attacha Falko à un arbre et frappa :

« Monsieur McLagor ? Il y a quelqu'un ? »

La porte n'était pas fermée. Elle entra dans une grande pièce lumineuse, dans laquelle flottait un savoureux fumet venant de la cuisine. Sur un bureau, un ordinateur dernier cri dernier clignotait en silence. L'homme qui habitait là n'avait rien d'un vieux paysan de l'ancien temps ! À défaut de le trouver, Ysée marcha jusqu'à la grange. Une surprise l'y attendait :

« Waouh ! Il est magnifique ! »

Un cheval alezan l'observait paisiblement. La largeur de ses épaules et de son dos était impressionnante.

Une voix jaillit derrière elle :

« Bonjour, jeune fille. Je te présente Atlas ! »

Ysée se retourna et se retrouva face à McLagor. Le vieil homme avait fière allure dans sa tenue de *gentleman farmer* :

« Bonjour, monsieur, c'est un cheval de trait ?

– Oui, mais pas n'importe lequel ! Atlas est l'un des derniers représentants des Suffolk Punch. Tu en as peut-être déjà entendu parler ? »

Ysée secoua la tête. Le vieil homme poursuivit :

« C'est une race menacée de disparition. Des chevaux puissants, rustiques et courageux. Ils sont parfaits ! J'ai acheté Atlas alors qu'il était blessé à la patte avant. Son imbécile de propriétaire voulait le vendre à l'abattoir. Je lui ai bricolé une attelle et il est resté couché pendant plusieurs semaines. Je lui ai apporté à boire, à manger, je l'ai massé… Désormais, il se porte à merveille. Il a bien quelques douleurs résiduelles quand il neige, mais rien de grave. Dans ces cas-là, je l'emmène marcher dans le loch ; l'eau glacée le soulage mieux qu'un anti-inflammatoire. Et, grâce à lui, de nombreux poulains Suffolk naissent dans le monde entier ! »

Ysée s'approcha d'Atlas pour le caresser, puis elle se présenta :

« Je m'appelle Ysée, je viens de Ghorse Highschool.

– C'est donc ce vieux chenapan de Léonard qui t'envoie ! Il s'inquiète pour moi ? »

Ysée approuva.

McLagor sourit :

« Quel vieux bonhomme buté ! Je m'arracherais la langue plutôt que de le lui avouer, mais je suis fier d'avoir gagné son amitié. Tu peux le rassurer, Ysée. Je pars bientôt en rééducation. Tout est organisé : mon neveu Jehan a accepté de venir s'occuper d'Atlas. L'avantage, quand on est isolé, c'est qu'on est obligé de se tenir à jour des progrès technologiques pour rester connecté ! Jehan pourra suivre ses cours par webcam. Il l'a déjà fait l'année dernière, lorsque je m'étais cassé le poignet. Tu auras l'occasion de faire sa connaissance, il a pas mal d'amis au lycée. »

Un hennissement lointain leur parvint aux oreilles. McLagor dressa un index en l'air :

« Tu entends ? On dirait que Ghorse cherche à nous prévenir. Il est tard, est-ce que tu ne devrais pas t'éclipser au plus vite ?

– Vous avez raison ! »

Accompagnée de McLagor, Ysée se jucha sur Oural :

« Je vous souhaite bon courage, monsieur McLagor. »

D'un coup de talon, elle partit au trot :

« Merci, jeune fille, bon retour ! »

Un nouveau hennissement résonna sur la lande. McLagor hocha la tête. Ghorse veillait sur Ysée, il n'avait pas à s'en faire.

De retour à l'écurie, Ysée installa Oural dans son box, porta son harnachement jusqu'à la sellerie, et courut dans la travée avec une telle vitesse qu'elle manqua de percuter la directrice. Mme Stample demanda :

« Tu reviens d'une sortie ? Qui t'as accompagnée ? »

Une boule d'angoisse se forma dans le ventre d'Ysée. Elle répondit que Joyce avait regagné le château.

Cette échappatoire la mettait mal à l'aise. Elle méritait une sanction. Mais, si elle écopait d'heures de colle, elle pourrait tirer un trait sur son entraînement avec Jena la semaine prochaine. La directrice afficha un air dubitatif et lui dit :

« Les réservations pour la sortie en ville de demain sont presque bouclées. N'oublie pas de t'y inscrire ! »

Ouf ! Soulagée, Ysée remercia la directrice. Il restait peu de montures libres sur le tableau. Elle choisit Nuts, bien qu'il soit connu pour renâcler sur les longues distances. Qu'importe ! En ressortant des box, Ysée vit que la directrice l'attendait, mais, contre toute attente, elle s'écarta en silence pour la laisser passer. Ysée se força à ne pas courir. Elle sentait le regard de la directrice planté sur son dos. Si elle avait eu des ailes, elle serait déjà juchée à l'abri, tout en haut d'une tour du château.

Mme Stample observa Ysée qui s'éloignait en direction du réfectoire. Ses amies étaient probablement au self pour dîner ensemble, voire pour fêter leurs sept premiers jours à Ghorse. Mais s'agissait-il de véritables amies ?

Sans y penser, la directrice se mordillait la lèvre tandis qu'elle s'interrogeait. Une heure avant, Jena lui avait fait part de son « inquiétude » en ne voyant pas rentrer Ysée. Une amie qui dénonce, une autre qui revient d'une sortie solitaire… Quelque chose se tramait. Elle ignorait quoi, mais elle savait par expérience qu'elle finirait par tout découvrir.

22
Le Coshobo

La bonne humeur régnait. Les professeurs se réjouissaient autant que les élèves de cette sortie en ville, d'autant que la pluie avait renoncé à être de la partie.

La colonne s'étirait en convoi le long de la route. Les cavaliers avançaient sur les bas-côtés afin d'épargner à leurs montures de choquer leurs sabots contre le macadam. Tous les chevaux disponibles avaient été réquisitionnés. Certains cavaliers n'avaient pas de monture et devaient chevaucher à deux, à cru. Leurs grimaces amusaient les mieux lotis. Ysée, elle, rencontrait une autre difficulté. Après à peine trois kilomètres de randonnée, voilà que Nuts commençait déjà à renâcler !

« Tu aurais dû emporter une cravache ! » suggéra Lally.

Ysée haussa les épaules :

« Je n'ai tellement pas l'habitude de m'en servir que je serais capable de la coller dans l'œil du cheval d'à côté !

– Attends, je vais te donner un coup de main ! »

Lally s'approcha de Nuts et lui fit accélérer le pas d'une claque sur la croupe. Indifférent, le cheval conserva son allure nonchalante. Lally proposa :

« Romain a glissé une cravache dans sa botte, je file la lui emprunter et je reviens, d'accord ? »

Prenant le silence d'Ysée pour un consentement, Lally donna des jambes et relâcha ses rennes. Redsky se mit aussitôt à trotter. À la stupéfaction d'Ysée, Nuts l'imita, comme s'il voulait la rattraper :

« On dirait que Nuts supporte mal d'être doublé par une jument ! s'amusa Ysée ; quel macho ! Il trotte comme un beau diable, maintenant ! »

Les deux amies remontèrent la file des élèves jusqu'à atteindre un petit groupe de garçons de première. Lally apostropha Romain :

« Tu veux bien prêter ta cravache à Ysée, Romain ? Nuts s'est branché sur l'allure poney shetland à bascule ! »

Le jeune homme la lui tendit et Lally lui adressa un sourire engageant. Romain esquissa une moue indéfinissable et se retourna face à la route.

Ysée murmura :

« Vas-y, Lally, lance-toi. »

Et, d'une faible tension sur les rênes, elle fit ralentir Nuts pour rester en arrière. Elle craignait de paraître indiscrète ou pire encore ! Elle avait peur que Romain se tourne vers elle, en ignorant Lally. Celle-ci s'était glissée entre la monture de Romain et de son voisin, Gail. De sa place, Ysée entendit Lally parler avec Gail :

« Il y a quoi de sympa en ville ? »

Gail lui répondit avec chaleur :

« La réponse tient en un mot : le Coshobo. C'est le seul, l'unique, l'incontournable lieu de détente du week-end !

– Ça ressemble à quoi ? »

Lally regarda Romain en espérant qu'il lui réponde. Mais, le regard figé devant lui, il poursuivait sa route tandis que son copain continuait à s'improviser agent d'information :

« CO comme *coffee*, SHO comme shopping et BO comme bowling, ça te donne déjà une idée. Mais tu verras, c'est mieux que ça. »

Après deux nouvelles tentatives pour associer Romain à la conversation, Lally finit par renoncer. Le garçon se concentrait sur Oural qui enchaînait les écarts. C'était comme s'il se moquait éperdument d'elle. L'air de rien, elle adressa un signe amical à Gail et plaisanta une dernière fois, avant de ralentir pour retrouver Ysée.

Alors, son sourire s'effaça de son visage. Face à la déception de Lally, Ysée sentit son cœur se serrer comme si elle-même vivait cette situation. Elle incita Nuts à avancer flanc contre flanc avec

Redsky. Une main passée autour des épaules de Lally, elle la consola :

« Ne fais pas attention. Tu sais comment sont les garçons quand ils sont en bande !

– Ça n'a rien à voir. Ce n'est pas la première fois qu'il m'ignore. Je suis sûre qu'il me trouve bête et frivole. Il n'a qu'une hâte quand je l'approche, c'est de me voir m'en aller vite fait. J'aimerais bien le détester autant que lui me déteste, ça serait plus simple ! Mais je ne peux pas… Regarde comme il est beau ! De plus c'est un supercavalier ! Tu as vu avec quelle douceur et quelle concentration il manie Oural ?

– Tu te décourages trop vite ! Il a peut-être pensé que tu venais discuter avec Gail ?

– Tu crois ? » répondit Lally, pleine d'espoir.

Mais ne trouvant pas d'arguments supplémentaires pour rassurer son amie, Ysée décida de changer de sujet :

« Mais oui ! Au fait, Tidoy n'est pas avec toi ? Ces derniers jours, il ne te quittait plus.

– Ah ! J'ai failli oublier ! »

L'Américaine retira un tube de métal de l'échancrure de sa tunique :

« Je le dresse au "pas bouger". Normalement, il devrait rappliquer vite fait, après ça… »

Elle souffla dans son sifflet à ultrasons sans qu'aucun bruit audible n'en sorte. Au vu de la réaction des chevaux dont les têtes obliquèrent vers elle, le son n'échappait qu'aux hommes.

Quelques minutes après, Tidoy galopait vers les deux amies. Lally le félicita et mit pied à terre pour le caresser. Le chien remua la queue, content.

Lally se releva en frottant sa tunique :

« La prochaine leçon concernera le maintien en société. Au programme : comment ne plus baver sur les vêtements de sa dresseuse. »

Lally avait retrouvé le sourire, ce qui soulagea Ysée ; elle éclata de rire, espérant qu'elles passeraient de bons moments au Coshobo.

Le pub était empli de musique. Le bar, au centre de la pièce, proposait toutes sortes de boissons. Certains élèves dansaient sur la piste, sous les lumières multicolores. Ysée regagna une petite table disposée dans un coin.

Elle s'assit sur la banquette à côté de Lally. En face, Jena et Joyce demandèrent :

« Alors ?

– Tout va bien, ils sont traités comme des rois. »

Elle revenait d'une visite aux chevaux. À leur arrivée, les filles les avaient confiés aux trois élèves chargés de s'en occuper. Un large toit leur servait d'abri ; les barrières permettaient de les attacher au licol, mais également de ranger les selles et les filets. Puis une nouvelle équipe de trois avait relayé la première et installé les chevaux au pré. Ysée plongea la main dans une coupelle pleine de bonbons achetés au kiosque du Coshobo :

« On est en train de persuader Lally d'inviter Romain à danser, l'informa Joyce.

– C'est une bonne idée ! approuva Ysée.

– Oui, je vais le faire, décréta Lally. Je suis certaine qu'il dira non, mais, comme ça, je serai fixée sur ses intentions ! »

Pendant que Joyce et Jena gagnaient la piste de danse, Ysée poussa Lally vers la table des premières. Mais, alors que les jeunes filles se tenaient à quelques pas de Romain, Alyson leur passa devant :

« Tu es chanceux, Romain. Il te faut une cavalière légère pour cette danse et me voilà ! »

La tablée ricana lorsque Romain se leva. Alyson attrapa sa main d'autorité pour le tirer vers la piste de danse.

Lally tourna les talons. Gênée par la foule, Ysée tenta de la suivre. Elle finit par la retrouver dans les toilettes, retenant à peine ses larmes devant le miroir. La colère de Lally explosa :

« Tu sais pourquoi elle a dit ça ? Parce que je suis grosse, voilà pourquoi. Et, avec la tête et le corps que j'ai, je voudrais séduire Romain… quelle nulle !

– N'importe quoi ! répliqua Ysée ; tu n'es pas grosse ! Tout le monde n'a pas la taille 34 d'un mannequin, c'est tout. Regarde comme tu es belle ! Je suis sûre que tu as déjà eu des tonnes d'amoureux ! »

Lally s'essuya les yeux :

« Ysée, tu es adorable… N'empêche qu'Alyson n'a pas dit ça au hasard.

– Alyson ne dit jamais rien au hasard. On n'est peut-être là que depuis une semaine, mais tout le monde a compris qu'elle a besoin d'écraser les autres pour se sentir supérieure. Ce n'est pas plus compliqué que ça. »

Ysée serra maladroitement Lally dans ses bras et affirma :

« Tu vaux toutes les Alyson du monde ! Allez, viens, on va faire un tour dehors. »

Mais, à peine sorties des toilettes, Gail proposa à Lally de danser avec lui. Ysée, qui ne se sentait pas très à l'aise dans l'ambiance survoltée du Coshobo, préféra retourner voir les chevaux. Le calme de l'extérieur l'aida à rassembler ses idées. Une soudaine tristesse l'envahit. Lally souffrait de ne pas savoir si ses sentiments pour Romain étaient partagés, mais au moins elle était amoureuse. Ysée esquissa une moue dépitée : elle-même n'avait jamais eu cette chance.

Elle s'accouda à la barrière des chevaux. Pop Corn s'approcha d'elle :

« Tu me réserves encore une de tes drôles de blagues ? lui demanda-t-elle. Dépêche-toi ! Dans dix minutes, je dois rejoindre les filles pour notre partie de bowling ! »

Mais le cheval se contenta de glisser le bout de son museau contre le cou de la jeune fille. Elle le caressa doucement :

« Merci, Pop Corn, un câlin, c'est exactement ce dont j'avais besoin. »

23
Le mal du pays

Lundi 7 octobre ! Les jours filaient. Aube et crépuscule s'égrenaient et la vie lycéenne n'accordait aucun répit à Ysée qui jonglait entre les cours, les devoirs, et les entraînements avec Jena.

Le mois d'octobre s'était installé sans que la jeune fille ne le réalise. Pourtant, la chaleur de l'été avait peu à peu laissé la place aux frimas de l'automne.

Ysée longea le couloir jusqu'à la chambre. Depuis le retour de sa valise, elle avait retrouvé son look baskets, jean, chemise qu'elle mixait avec ses nouveaux vêtements. Alyson l'apostrophait toujours de remarques désagréables, mais ses petites piques agressives et méprisantes devenaient routinières, presque banales, et Ysée les ignorait.

Les interrogations d'Ysée s'étaient apaisées : Lally, Joyce et Blaise s'étaient révélés être des amis fidèles. Quant à Jena, elle s'évertuait chaque fin d'après-midi à partager ses connaissances techniques avec elle. Sur la lande, le passage régulier des chevaux avait dessiné les sommets arrondis si caractéristiques d'une piste de manège.

Ce soir-là, Ysée rentrait épuisée.

Quand elle poussa la porte de la chambre, Ysée fut accueillie par une exclamation enthousiaste de Lally :

« Ah, te voilà enfin ! Il est arrivé un truc super ! Devine quoi… »

Ysée entra, encore plus fatiguée à l'idée de devoir céder à l'énergie folle que dégageait Lally. Un seul désir l'habitait : prendre une douche chaude et s'étendre sur son lit avant le service du self. Elle répondit d'une voix lasse :

« Vas-y, raconte ! »

Lally essaya de masquer sa déception et Ysée se sentit coupable. Après tout, ça ne lui coûtait rien de trouver la solution de l'énigme. Elle se corrigea :

« Attends deux secondes, je tente le coup. Ta grand-mère t'a envoyé une photo de ton grillon domestique ? »

Lally s'esclaffa. Depuis la rentrée, sa grand-mère lui postait chaque semaine une photo de sa ménagerie du ranch. La jeune fille avait grandi au milieu d'une foule d'animaux : chat, chien, âne, vache, etc. Elle avait classé tous les clichés dans un album qu'elle feuilletait quand la nostalgie l'envahissait :

« Non ! Mieux que ça… Je te montre. Pousse-toi de là, Tidoy ! »

Le chien de la directrice quitta le lit de Lally pour se glisser en dessous. Lally tapota la couette, conviant Ysée à s'y installer. Elle attrapa la boîte où elle avait enfermé la monstrueuse araignée capturée à la rentrée et la posa sur les genoux d'Ysée sans tenir compte de sa grimace dégoûtée :

« Tu as vu ? Il y a au moins quinze petites Arach qui ont éclos. Elles sont trop mignonnes, non ?

– Elles sont, comment dire ? Elles sont… c'est des bébés, quoi !

– C'est ça, les bébés d'une famille nombreuse. Il y en a trop pour les nourrir. Alors, ce soir, après le dîner, je t'invite à leur libération. J'ai trouvé un coin idéal pour elles, dans le grenier à foin au-dessus des box. Elles passeront l'hiver au chaud. Ça te tente ? »

Ysée comprit qu'elle devrait renoncer à sa douche et remettre ses devoirs à plus tard. Elle répondit sur un ton ironique :

« Compte sur moi ! Tu sais comme j'aime les araignées… Je n'ai pas l'intention de rater cette occasion unique de les voir évoluer dans leur milieu naturel ! »

Lally grimaça un sourire :

« Tu verras, quand tu seras une veille grand-mère, tu me remercieras. Ce n'est pas tous les jours qu'on rend à la nature un animal élevé en captivité. Tu le raconteras à tes petits-enfants, ils seront ébahis ! »

La nuit avait envahi le parc. Seules les veilleuses suspendues de part et d'autre des bâtiments de l'écurie permettaient de se diriger. Lally alluma tout de même sa lampe de poche pour guider Blaise, Joyce et Ysée. Jena, elle, avait préféré rester dans sa chambre pour travailler.

Le groupe se glissa dans les écuries. Lally désigna l'échelle qui montait dans les combles. Ysée l'escalada la première et s'extasia sur le long espace sous la charpente en bois rempli de bottes de foin. Blaise et Joyce surgirent à ses côtés :

« Lally, s'écria Blaise, on libère tes bestioles tout au fond, histoire qu'on puisse discuter sans être transformés en momie de toile d'araignée, d'accord ? »

Lally approuva et, ensemble, ils déposèrent la boîte, couvercle ouvert, le long du mur le plus éloigné. Puis tous se laissèrent tomber sur le foin en riant et en s'envoyant des brins de paille à la figure. Le chat de l'écurie vint se nicher sur les genoux de Lally et, quelques instants plus tard, il ronronnait. La jeune fille affichait un air réjoui. Elle retrouvait ici toutes les sensations de son ranch : un petit coin tranquille, bercé par le bruit de la vie des écuries, un chat, de bons amis…

« Ça me rappelle mon centre équestre, s'exclama Ysée, comme si elle faisait écho aux pensées de Lally. Au début, ma mère m'avait interdit d'y aller, alors je me cachais dans la remise à paille et, dès que la voie était libre, je me glissais dans les box pour voir les chevaux. J'ai l'impression que ça fait des lustres que j'ai quitté tout ça !

– Pareil pour moi, ajouta Lally. Certains jours, j'ai le sentiment que je vais me réveiller au ranch, galoper avec les gars pour rassembler un troupeau, nourrir les poules avec ma grand-mère. Et puis, j'ouvre les yeux.

– Et, tu tombes sur Joyce, en chemise de nuit à fleurs, dans ses chaussons à paillettes et coiffée de deux jolies couettes ? » pouffa Blaise.

Les quatre amis éclatèrent de rire. Avec son style gothique, on imaginait mal Joyce vêtue en héroïne de *La Petite Maison dans la prairie* !

Retrouvant son sérieux, Blaise poursuivit :

« Je plaisante, mais moi aussi, j'ai le mal du pays. Je suis sûr qu'on n'est pas les seuls ! Avec le froid, la nuit qui tombe de plus en plus tôt, les devoirs, les entraînements… »

La fin de la phrase du jeune homme mourut sur ses lèvres et un silence songeur s'installa, soudain interrompu par Ysée :

« On pourrait organiser une fête ? Une fête un peu familiale, où on se sentirait comme à la maison ?

– Oui ! approuva Blaise. Et chacun pourrait préparer des spécialités de son pays.

– Ce serait top ! lança Joyce avec enthousiasme. Je m'occuperai de la musique, si vous voulez. Mais sans vouloir jouer les rabat-joie, il faudrait déjà obtenir l'autorisation de Stample. Et ça, ce n'est pas gagné ! Qui se dévoue ? »

Lally leva la main :

« Je vote pour Blaise ! »

Blaise bondit sur ses pieds et déclama avec emphase :

« Je ferai de mon mieux pour honorer votre confiance, gentes dames. Mais, ne vous méprenez pas, je n'ai rien d'un preux chevalier qui va seul, sans peur et sans reproche. Sans un compagnon d'armes, je ne suis bon à rien. Lally et Ysée, accepterez-vous de m'aider à affronter Stample-le-Dragon ? »

Lally haussa les épaules :

« Si c'est juste pour être là, c'est d'accord ! »

Ysée ne dit mot. Mais qu'est-ce qui lui était passé par la tête ? Ses journées étaient tellement chargées qu'elle imaginait mal trouver du temps pour les préparatifs d'une fête. Elle, que l'idée de compétition n'avait jamais séduite, s'était prise au jeu de l'entraînement. La sélection pour le concours de Londres représentait désormais pour elle un enjeu bien plus conséquent que pour les autres élèves de la classe, déjà habitués aux épreuves de concours. Blaise attira son attention :

« Allô ? On demande Ysée, merci !

– Je ne suis pas très douée pour parler, alors…

– Taratata, l'interrompit Blaise en agitant son index de droite à gauche, tu ne m'auras pas comme ça. Ce projet, on le mène ensemble, ou pas du tout. Je vais solliciter un rendez-vous pour nous trois. OK ?

– D'accord, d'accord », capitula Ysée.

Dans les combles de l'écurie, éclairée par le mince faisceau d'une lampe de poche, l'ombre des mains s'entrechoquant se projeta sur les parois de bois. L'accord était scellé.

À l'autre bout du bâtiment, indifférents aux agissements des humains, Arach et ses petits tissaient leur toile entre deux bottes de paille.

24
Comme à la maison

Quelques consignes, le bruit des sabots sur la terre mouillée, le sifflement du vent, voilà tout ce qu'on entendait en cette fin d'après-midi sur la lande. Blaise avait prévenu Ysée qu'ils avaient rendez-vous avec la directrice le soir même. Mais, concentrée sur ses exercices, la jeune fille n'y pensait plus. L'entraînement s'avérait encore plus difficile que d'habitude, à croire qu'Ysée n'avait rien intégré des conseils de Jena.

Debout au centre du manège délimité par des petits cairns de pierres, Jena rabâchait ses conseils :

« En arrière, en arrière ! Tu dois te pencher en arrière ! Tu vois bien que ton assiette n'aide pas ton cheval. »

Ysée rectifia sa position. Jamais elle n'y arriverait ! Toutes les remarques de Jena allaient à l'encontre de son instinct. S'abstenir de guider la monture au démarrage, ne pas corriger une mauvaise prise de pieds, se pencher en arrière, les pieds vers l'avant, autant de comportements opposés à ceux qu'elle avait l'habitude d'adopter.

Jena râla :

« Mais bon sang, regarde ton pied ! Tu fais quoi, là ? Du patinage artistique ? »

Retenant ses larmes depuis un moment déjà, Ysée finit par craquer. Elle balança sa jambe au-dessus de l'encolure de Redsky et se laissa glisser à terre. Jena attrapa les rênes de la jument :

« Désolée, Ysée, je suis aussi sévère avec toi qu'avec moi. Je vais y aller mollo, maintenant. »

Ysée renifla. Les séances se révélaient épuisantes, mais elle était déterminée :

« Non, fais comme d'habitude, n'ai pas peur de me secouer. Il n'est pas question de renoncer. L'enjeu est trop important : si je suis sélectionnée pour participer au concours, ce sera l'occasion de prouver à ma mère que je ne l'ai pas abandonnée pour rien, que ma place est ici. Alors, on continue ! »

Elle glissa son pied dans l'étrier et se remit en selle.

La séance reprit et Ysée suivit scrupuleusement toutes les instructions de Jena. Jusque-là, lors des compétitions au centre équestre de Béa, elle s'était toujours persuadée que les concours ne présentaient aucun intérêt. Mais les choses avaient changé ; le challenge la démangeait à présent. Au-delà de son envie de montrer sa motivation à sa mère, elle se rendait compte combien elle avait envie de se mesurer aux autres cavaliers.

Le temps fila, oublié par les deux obstinées. Mais quand Ysée s'aperçut de l'heure qu'il était, elle imposa à Jena de rentrer à bride abattue. Blaise et Lally devaient déjà l'attendre devant le bureau de la directrice ! Elles galopèrent jusque dans les travées de l'écurie. Ysée glissa à bas de Redsky juste devant son box :

« Vas-y ! proposa Jena, je m'occupe de la desseller. »

Sans attendre, Ysée partit en courant vers le château tout en criant :

« Merci, Jena, tu es une copine en or ! »

La secrétaire fit une réflexion à Ysée lorsqu'elle arriva dans l'aile est du château :

« Sachez, mademoiselle, que la notion de rendez-vous sous-entend d'arriver à l'heure fixée conjointement par les deux parties qui y assistent. Vous et vos amis avez bien de la chance que la directrice accepte de vous recevoir malgré votre retard. Veuillez vous asseoir, je vous prie. »

Hors d'haleine, Ysée retrouva Blaise et Lally qui patientaient sous le tableau qu'elle avait admiré le jour de la rentrée. Blaise lui adressa une grimace et chuchota :

« J'ai cru que tu nous avais laissés tomber !

– Je m'excuse, je…

– Veuillez entrer ! »

La directrice, ouvrant la porte de son bureau, interrompit Ysée. D'un geste, elle les invita à entrer. La pièce était vaste et d'une architecture imposante. De larges fenêtres perçaient ses murs de pierre et des poutres massives, semblables à celles d'un vieux monastère, couraient le long du plafond.

Blaise prit la parole au grand soulagement d'Ysée. Le garçon se mit à parler à toute vitesse. Il évoqua la fatigue des élèves, leur volonté de marquer la rentrée, l'idée d'organiser une fête et d'ouvrir la piste de danse vers l'extérieur, l'éventualité de faire un feu d'artifice si le budget le permettait, puis demanda d'avoir accès aux cuisines, sans oublier le mot essentiel : « Promis-on-rangera-tout-après ».

Noyée dans le flot de paroles, la directrice le laissa poursuivre sans l'interrompre.

Quand Blaise eut fini son discours décousu, elle croisa les bras :

« J'ai toujours plaisir à constater l'enthousiasme de mes élèves. Je ne suis pas contre ce type de festivité. Mais le moment est mal choisi. L'année vient à peine de commencer. Le concours occupe tous les esprits. Il est encore trop tôt pour mettre en œuvre votre projet.

– Mais…, intervint Lally.

– Comprenez-moi bien, je ne vous demande pas d'annuler votre fête, seulement de la reporter. Que diriez-vous de l'organiser juste avant les vacances de Noël ? Le moment serait idéal ! »

Ysée échangea un regard déçu avec Blaise et Lally. C'était aujourd'hui que les élèves avaient le mal du pays, c'était maintenant qu'il fallait redonner de l'énergie ! Leur projet de fête tombait à l'eau.

Dépités, ils s'apprêtaient à sortir quand soudain Ysée se retourna vers la directrice. Elle sentait bouillonner en elle l'envie de défendre son idée. Pourquoi une fête serait-elle davantage justifiée avant les vacances ? C'était précisément au moment où la tension était la plus forte qu'on avait besoin de se changer les idées !

Portée par un sentiment d'injustice à leur égard, Ysée se mit à parler sans réfléchir, toute timidité envolée et sans même se rendre compte qu'elle déployait un argumentaire convaincant. Ce ne fut qu'en remarquant Blaise, qui la dévisageait avec un air aussi stupéfait qu'admiratif, qu'elle comprit ce qu'elle était en train de faire.

Effrayée de sa propre audace, elle baissa les yeux et le ton de sa voix se modifia :

« Excusez-moi, Mme Stample, je sais bien que vous avez pris une décision. Je…

– Je dois avouer que vous me surprenez, jeune fille, l'interrompit la directrice. Il n'est pas si aisé de vous cerner. Mais une chose est sûre, vous savez être persuasive. Je vais réfléchir à votre plaidoyer et peut-être reconsidérer ma réponse. »

Les exclamations de Blaise résonnèrent entre les murs du bureau :

« Youhou ! Merci ! Merci !

– Je n'ai pas encore dit oui que je sache, l'interrompit la directrice en élevant la voix pour doucher cet éclatant enthousiasme. Et si d'aventure je m'y résous, sachez que je fixerai plusieurs conditions : 1 – que le chef cuisinier consente à s'impliquer, 2 – que les élèves assurent les préparatifs et le nettoyage, 3 – que le bruit ne gêne pas ceux qui souhaiteraient se reposer plutôt que de participer aux réjouissances. Êtes-vous prêts à vous porter garants du respect de ces trois points ?

– Oui, affirma Ysée, nous nous engageons.

– Plutôt trois fois qu'une ! confirma Lally.

– Oui, oui, oui, ajouta Blaise, on s'engage, à fond !

– Vous connaîtrez bientôt ma réponse. Bonne soirée, jeunes gens. »

Une fois dans le couloir, les trois amis se regardèrent, étonnés. Aucun n'aurait cru que la Stample pouvait changer d'avis ! Folle de joie, Lally s'éclipsa en courant pour avertir Joyce. Tout heureux du dénouement de la conversation, Blaise saisit alors les mains d'Ysée pour la faire tournoyer avec lui avant de l'embrasser avec fougue.

À cet instant-là, ni l'un ni l'autre ne prêta attention à Alyson qui traversait le petit hall administratif pour glisser son courrier personnel dans la boîte postale mise à disposition des élèves.

25

Le b.a.-ba

Mme Stample avait fini par leur confirmer son accord et Ysée ne savait plus où donner de la tête !

Elle se sentait si fatiguée ! Pourtant, elle savourait ses journées. Pour la première fois de sa vie, le programme l'enthousiasmait.

Ce mercredi-là, elle proposa à Jena de ne pas s'attarder. Le travail commençait à porter ses fruits. Même si les techniques enseignées par Jena ne s'étaient pas transformées en automatismes, au moins Ysée avait-elle réussi à limiter ses réactions instinctives.

De retour à l'écurie, Ysée se dépêcha de déharnacher Nuts. M. Keating l'interpella alors qu'elle sortait du box pour rejoindre Blaise et Lally :

« Dis-moi, Ysée, est-ce bien toi qui montais Redsky avant-hier soir ? »

Ysée réfléchit. Elle se remémora sa longue séance de travail et le rendez-vous chez la directrice. Sans Jena, qui avait proposé de s'occuper de son cheval, Blaise et Lally se seraient retrouvés seuls :

« Oui, c'était moi. »

M. Keating fronça les sourcils :

« La jument n'était pas correctement bouchonnée. Ses pieds n'étaient pas curés. Et je ne parle même pas du filet qui traînait sur le sol. Ysée, l'entretien de sa monture est le b.a.-ba de l'équitation. N'importe quel enfant qui approche un poney comprend ça. Contrevenir à cette règle de base n'a rien d'anodin. J'exige de toi que cela ne se réitère pas. »

Stupéfaite, Ysée hocha la tête en baissant le regard vers le sol. Sous le feu de la colère glacée de M. Keating, elle se sentit mortifiée. Elle était d'autant plus blessée qu'elle n'était pas coupable de ce manquement. Mais que pouvait-elle faire ? Avouer avoir confié Redsky à Jena ? Accabler son amie qui l'avait tirée d'un mauvais pas et qui, chaque jour, consacrait plus d'une heure de son temps à l'entraîner en vue de l'évaluation pour le concours ?

Ysée garda le silence. Elle s'en voulait. Jamais elle n'aurait dû renoncer à assurer elle-même les soins à sa monture.

M. Keating tourna les talons et s'engouffra dans le bureau des professeurs d'équitation. Ysée longea le bâtiment et s'accouda au paddock des Przewalski.

Le regard vif d'Anaïr passa sur elle le temps d'un éclair, avant de mimer l'indifférence. Ysée lui dit :

« Oh ! Je sais très bien que tu m'as vue. Ne fais pas l'innocente. »

Elle tendit sa main ouverte vers l'intérieur du paddock. Anaïr releva la tête et, les lèvres retroussées, fit entendre un bruyant flehmen. Elle tentait de détecter à l'odeur ce que la main d'Ysée contenait. La jument s'approcha timidement.

Ysée caressa doucement la peau fine de ses naseaux. C'était la première fois qu'Anaïr entrait en contact de sa propre initiative. Après l'humiliation ressentie face aux remarques du professeur, cette petite victoire réconforta Ysée.

La main de Jena s'abattit sur l'épaule de la jeune fille sans qu'elle ne l'ait entendu arriver :

« Je ne comprends pas ton intérêt pour ces bêtes-là. Tu ne pourras jamais les monter. De plus, elles sont moches !

– Au temps de la Préhistoire, elles correspondaient aux canons de la beauté équine.

– Ah oui ? Parce que tu y étais à la Préhistoire ? »

Ysée réorienta la conversation :

« M. Keating m'a reproché d'avoir mal soigné Redsky, l'autre soir. Tu as eu un souci ? »

Jena afficha un regard gêné. Elle dit :

« Oh, je suis désolée ! J'étais tellement épuisée que j'ai bâclé le travail. Excuse-moi, je pensais repasser après le dîner et puis j'ai oublié. J'espère que ça ne t'a pas trop causé de problèmes ? »

Ysée réalisa à quoi elle avait échappé. M. Keating aurait pu lui interdire de participer à l'évaluation pour le concours. Son cœur s'emballa à cette idée. Anaïr s'éloigna d'elle rapidement, comme si elle avait perçu une menace. Ysée se tourna vers Jena. Comment une amie pouvait-elle courir le risque d'en faire punir une autre, alors même qu'elle était si organisée et exigeante avec elle-même ? Le beau sourire désolé de Jena désamorça pourtant le début de colère d'Ysée :

« M. Keating s'est limité à un avertissement. Je crois que j'ai eu chaud ! »

Jena tapota l'épaule d'Ysée comme on flatte la croupe d'un cheval en répétant sans conviction :

« Tant mieux. Franchement, c'est tant mieux. On rentre ? »

Elles prirent la direction du château. Ysée s'étonna de la désinvolture avec laquelle Jena classait les conséquences de sa bévue. Mais mieux valait éviter de se pencher davantage sur cette histoire ; elle avait trop de pain sur la planche pour se permettre de ruminer ! L'organisation de la soirée suffisait à lui occuper l'esprit.

En début de soirée, à l'heure d'affluence au foyer des élèves, Ysée se mit à préparer la liste des ingrédients à commander pour la fête. Les organisateurs s'étaient réparti les tâches. Mais les messes basses qu'échangaient Blaise et Lally mirent la puce à l'oreille de la jeune fille : ses deux amis tramaient quelque chose. Ils lui jetèrent un regard puis s'éclipsèrent.

Peu après, un tintamarre résonna dans le couloir. Blaise et Lally pénétrèrent dans le foyer en déclenchant des rires sur leur passage. Blaise allait en premier, une grosse caisse ajustée sur son ventre. D'une main, il tambourinait tandis que de l'autre, il agitait un panneau affublé d'un pouce dressé. Derrière lui, Lally avançait avec toute la dignité requise par sa tenue de dandy, la tête couverte d'un chapeau haut de forme, le corps cintré dans une queue-de-pie. Ce smoking noir mettait en évidence ses mains gantées de blanc qui déroulèrent un long parchemin. Blaise cria :

« Mesdames, messieurs, merci de faire silence et d'ouïr cette annonce d'importance. »

Sans quitter son air sérieux, Lally lut l'invitation à la soirée, entièrement rédigée en vers.

La date de la fête était fixée au soir de la sélection. Le mercredi de ce matin-là, les cours théoriques laisseraient place aux épreuves. Lally conclut :

« Que ce soit pour fêter votre succès ou pour noyer votre échec, venez vous amuser ! »

À l'issue du discours, Lally punaisa au mur la liste d'inscription. Une première salve d'applaudissements salua la prestation des deux amis. Lally exécuta une révérence ; Blaise, gêné par la grosse caisse, se contenta d'un signe de tête.

Le foyer était en pleine effervescence quand Mme Stample entra. Il était difficile de déterminer qui, des élèves ou de la directrice, se révéla le plus étonné.

Une seconde durant, l'assemblée, interloquée, resta silencieuse. Mme Stample dissimula sa surprise de voir Lally vêtue en gentleman du XIXe siècle. Elle lui demanda :

« Mon chien se fait rare, ces temps-ci. Mais, jusque-là, il rentrait toujours en fin de journée. Le pouvoir d'attraction de la gamelle, je suppose ! Ce soir, pourtant, je ne l'ai pas vu. Je m'inquiète. Peut-être pourriez-vous m'aider ? »

Lally siffla avec deux doigts dans sa bouche. Aussitôt, Tidoy surgit de derrière un pouf, la langue pendante et la queue frétillante. Un simple coup d'œil sur ce chien suffisait à approcher la définition du bonheur. La directrice retint à grand-peine son sourire. Après un cérémonieux : « Merci, je vous souhaite une bonne soirée », elle quitta le foyer, son chien sur ses talons.

La tension tomba d'un coup et les conversations reprirent. Blaise posa la grosse caisse au sol. Ysée vit Alyson murmurer quelques mots à l'oreille de Lally. La boule d'angoisse qui avait disparu depuis plusieurs jours se manifesta à nouveau et de la plus désagréable des façons. Ysée avait un mauvais pressentiment. Un observateur attentif aurait pu lire sur ses lèvres : « Pourvu qu'Alyson ne vienne pas tout gâcher ».

26
Conflit

Une dizaine d'élèves s'agitaient dans la cuisine du lycée. À la veille de la fête, les préparatifs culinaires de la soirée « comme à la maison » avaient démarré et chacun s'activait pour apporter sa contribution salée, sucrée ou épicée.

Dans le grand placard à épices, Ysée trouva de la noix de muscade et la saupoudra au-dessus de la casserole qui contenait déjà de l'eau, du sel et du beurre coupé en morceaux. Comme beaucoup d'autres élèves, elle avait renoncé à passer son week-end au Coshobo. À la place, elle s'était entraînée avec Jena afin d'avoir son mardi libre et préparer ses gougères au fromage. Une fois les mets terminés, elle les congèlerait et un simple passage au four suffirait pour les servir « comme à la maison ».

Ysée chercha Lally des yeux. Elle s'était réjouie à l'idée de mener une activité sympa avec une copine, de rigoler à coup de cuillère de farine, de papoter au-dessus des casseroles, juste pour profiter du moment. Mais, depuis quelques jours, Lally avait l'air moins disponible, presque mal à l'aise en présence d'Ysée. Elle semblait contrôler ses paroles, répondant du bout des lèvres. Cette absence de spontanéité ne lui ressemblait pas !

Ysée avait beau réfléchir, elle ne comprenait pas la raison de ce changement. Avait-elle eu une remarque malheureuse à l'égard de son amie ? S'agissait-il du mal du pays qui, après avoir touché de nombreux élèves, s'attaquait à la plus optimiste d'entre eux ? Ysée avait essayé d'en parler à Lally, mais cette dernière était restée évasive, prétextant que tout allait bien, que tout était normal, comme avant.

Elle mentait.

Pour Ysée, la conclusion s'imposait : ce qu'elle avait craint en début d'année venait d'arriver. Lally s'ennuyait avec elle, mais elle se sentait certainement trop engagée pour oser couper clairement les ponts. Pourtant, son attitude aboutirait au même résultat : l'indifférence. Ysée n'avait plus le cœur à la fête. En cassant les œufs, elle ne pouvait s'empêcher de ruminer.

La voix de Romain la sortit de ses pensées :

« Tu as besoin d'un coup de main ?

– Blaise peut l'aider, intervint Lally, pas vrai Blaise ? »

Surpris, Romain jeta un œil à Lally, mais celle-ci avait déjà reporté son attention sur la poêle dans laquelle elle faisait griller des graines de sésame.

Blaise, appuyé les bras croisés contre le mur, lança d'un ton innocent :

« Ysée s'en sort très bien. De toute façon, je suis bien trop occupé. »

Ysée leva les yeux de sa poche à douille avec laquelle elle déposait de petites noix de pâte sur les plaques de cuisson du four :

« J'ai presque fini, Romain, mais, si tu as le courage, tu peux t'atteler à la plonge ! »

Romain attrapa un des tabliers du chef et s'installa devant le grand bac en inox. Il ne vit pas Alyson s'arrêter sur le pas de la porte de la cuisine. Son arrivée n'échappa pas à Blaise qui gloussa :

« Tu attends qu'on annonce ta présence ? Il poursuivit en forçant sa voix : "Sa Majesté, Alyson, reine de la haute couture !" »

La jeune fille haussa ses épaules :

« Excuse-moi de ne pas m'habiller aux "fripes des bonnes affaires", je ne savais pas que ça te posait un problème. »

Puis ignorant délibérément Blaise, elle s'adressa à Romain :

« J'ai envie de voir le film dont je te parlais, ça te tente ?

– J'en ai encore pour un moment, mais tu me le passeras ? »

Devant le refus du garçon, Alyson proposa :

« Je ne suis pas pressée. Si tu veux, je t'attends.

– Non merci.

– Tu es sûr ? »

Un peu agacé par l'insistance d'Alyson, Romain répliqua :

« Je peux bien donner un coup de main à ceux qui se démènent pour la fête sans avoir de compte à te rendre, non ?

– Ah, très bien, voyons ce que vous nous faites de beau. »

Et sans rien montrer de son dépit, Alyson se glissa entre les îlots pour observer les autres.

Sur un premier espace de travail, Markus et Lukas confectionnaient des sablés. Juste en face, Joyce achevait la cuisson d'amandes effilées. Plus loin, Jena et Geoff préparaient de la purée d'oignons pour faire des hamburgers. Enfin, quatre garçons cuisinaient des tartes salées.

Tout à coup, Romain poussa un cri de douleur :

« Ce n'est rien, dit-il à tous ceux qui le regardaient, surpris. Je me suis coupé avec un couteau. »

Lally essuya ses mains sur un torchon. Elle saisit le poignet de Romain pour observer la plaie :

« Fais voir ? Il faut nettoyer ça. »

Romain ôta sa main, gêné :

« Pas la peine, ça va.

– Ça risque de s'infecter. Il y en a pour trois secondes, je file chercher le produit, un coup de pschitt et voilà !

– Arrête d'insister, Lally, s'interposa Alyson. Il t'a dit non. Tu ne vas pas jouer la nounou angoissée qui veut mettre un pansement sur tous les bobos qu'elle croise. »

Lally regarda Romain qui la rassura d'un sourire :

« Ça va aller, ne t'inquiète pas, ce n'est pas très profond. »

La jeune fille pinça les lèvres. Elle s'était portée au secours de Romain comme elle l'aurait fait pour n'importe qui d'autre. Mais la réaction du garçon lui rappelait la réalité qu'elle s'efforçait d'oublier : elle ne lui plaisait pas.

Sans un mot, elle regagna son poste de cuisine. Un silence pesant s'invita dans la pièce. Heureusement, le lancement de la cuisson des sablés fit diversion.

Joyce nettoya le plan de travail et y vida un énorme sac plein de bonbons multicolores. Elle les empala sur des piques à brochettes. Lukas s'installa à ses côtés pour l'imiter. La jeune fille hochait la tête, au rythme de la musique qui emplissait ses oreillettes :

« Qu'est-ce que tu écoutes ? »

Elle sourit à son voisin et lui tendit un de ses écouteurs. Il le glissa à son oreille :

« J'aime bien », lui dit-il.

Joyce, en vêtements gothiques, et Lukas, un peu raide dans sa chemise boutonnée jusqu'au cou, formaient un duo mal assorti. Pourtant, ces deux passionnés de musique semblaient si complémentaires que plus personne ne s'étonnait de les voir ensemble.

Lally s'approcha :

« Je peux écouter ? »

Joyce lui tendit sa seconde oreillette.

Ses préparations achevées, Ysée enfourna les gougères. Elle proposa à Lally d'aller faire un tour aux écuries, mais

Lally désigna son oreille en guise de prétexte pour éviter le tête-à-tête.

Ysée se résigna à sortir seule.

À proximité des écuries, Ysée huma l'odeur familière des chevaux. Elle disposait de quarante minutes avant que les gougères ne soient prêtes. Ysée s'adossa au gros chêne. Elle resta là une longue minute les mains posées sur l'écorce rugueuse, à ressasser la réaction d'évitement de Lally, jusqu'à ce qu'un hennissement lui rappelle ce qu'elle venait faire ici.

Elle marcha alors jusqu'au paddock des Przewalski.

Anaïr s'agitait avec nervosité. Elle allait et venait dans le paddock d'un pas fébrile. Ysée s'approcha, mais, alors qu'elle s'apprêtait à caresser son encolure, la jument se déroba. La jeune fille retira sa main :

« Qu'est-ce qui t'inquiète, Anaïr ? »

Des oreilles attentives se dressèrent ; les autres chevaux ressentaient la tension de la jument.

La tentative d'Ysée d'apaiser Anaïr par ses paroles resta vaine. La jument continuait à s'énerver. Les autres la fuyaient. Seule une jument plus âgée s'efforçait de se tenir à ses côtés.

Après un moment, Ysée renonça. Le mieux était de la laisser tranquille jusqu'au lendemain.

Le four sonnait la fin du programme quand Ysée revint dans la cuisine. Les élèves avaient quitté les lieux, à l'exception de Blaise :

« Tu tombes bien, Ysée ! Je ne sais pas trop comment marche cet engin. »

La jeune fille sortit les plaques et les posa sur le plan de travail en inox. La fumée qui s'échappait des gougères l'obligeait à attendre quelques minutes avant de les placer au congélateur. Blaise s'appuya sur le rebord de la fenêtre pour regarder le ciel :

« Viens voir comme c'est beau ! » l'interpella-t-il.

Ysée se pencha à son tour :

« Je ne vois pas les étoiles. »

Blaise glissa ses bras autour des épaules d'Ysée pour l'inciter à se pencher davantage :

« Garde les yeux ouverts et continue à regarder. Ça va venir. »

Peu à peu, comme l'avait prévu Blaise, Ysée distingua une multitude de petits points brillants, trop nombreux pour être comptés.

À ce moment-là, Lally ouvrit la porte de la cuisine à toute volée. En les apercevant à la fenêtre, elle se figea, rougit et balbutia :

« Désolée, j'avais oublié… »

Elle se sauva avant même d'avoir achevé sa phrase, laissant les deux amis stupéfaits par sa réaction :

« Bon, décréta Blaise, il est tard, il est peut-être temps de remonter dans nos chambres.

– Tu as raison, approuva Ysée en plaçant les gougères au congélateur, d'autant que je n'ai pas fini tous mes devoirs. »

Dix minutes plus tard, Ysée regagnait sa chambre. Elle croisa Joyce, une serviette de bain à la main, ses écouteurs sur les oreilles. Jena terminait ses devoirs, assise devant son bureau impeccablement rangé, et Lally se dirigeait vers les lavabos, derrière le rideau.

Ysée la suivit, mais cette dernière ne lui jeta pas un regard :

« Tu as un problème avec moi, Lally ?

– Non, pas de problème. »

Le ton sans conviction avec lequel Lally avait répondu prouvait le contraire. Ysée lança une ultime tentative :

« On ne va quand même pas se mentir, Lally ! »

Lally soupira :

« Et c'est toi qui dis ça ? D'accord, j'ai mal réagi, mais tu aurais fait pareil dans ma situation. Au début, quand Alyson m'a prévenue, je n'y ai pas cru. Pourtant, elle avait raison sur toute la ligne !

– Mais de quoi tu parles ?

– Je parle de Blaise et toi. Je suis déçue que vous ne m'en ayez pas parlé. Je suis votre amie, oui ou non ?

– Blaise et moi ?

– Oui, Blaise et toi ! Vous sortez ensemble, non ? Ou alors, vous faisiez quoi tout à l'heure, à regarder les étoiles, bras dessus, bras dessous, comme deux amoureux ? »

Ysée resta stupéfaite, puis elle répéta incrédule :

« Blaise et moi ? »

Pour toute réponse, Lally haussa les épaules.

En une seconde, le sang quitta le visage d'Ysée. Sans un mot, elle attrapa Lally par le bras. Malgré les protestations de son amie, Ysée l'obligea à traverser le dortoir des filles et le palier du second. Bien qu'elles soient toutes les deux en pyjama, elles longèrent le couloir des garçons. Ysée finit par frapper à la porte de la chambre de Blaise, Markus et Lukas :

« Je vous préviens, les gars, j'entre dans trois secondes ! 1, 2… »

À : « 3 », elle poussa la porte au milieu des cris effarouchés des garçons. Sans relâcher sa prise sur le bras de Lally, elle se planta devant le lit de Blaise :

« Blaise, Lally a besoin d'une réponse à cette question : est-ce qu'on sort ensemble tous les deux ? »

Blaise grimaça d'un air comique et s'exclama, faussement scandalisé :

« Ça ne va pas la tête ! Tu es juste une copine, évidemment qu'on ne sort pas ensemble. »

Ysée se retourna vers Lally, les sourcils froncés :

« C'est assez clair ?

– Mais l'autre jour, Alyson vous a vus dans les bras l'un de l'autre en train de vous embrasser, se défendit la jeune Américaine, et ce soir vous admiriez les étoiles. »

Ysée et Blaise échangèrent un regard. Blaise bondit de son lit, dévoilant sa tenue en tee-shirt et caleçon. Il précisa :

« Alyson ? Tu fais confiance à Alyson ? Eh bien, imagine-toi qu'elle a raison. Oui, on s'est embrassés, juste en sortant du bureau de Mme Stample. Toi, tu avais filé annoncer la bonne nouvelle de la fête à tout le monde. Tiens, puisque tu as raté notre baiser passionné, on va te rejouer la scène, ça te donnera une idée. »

Il s'approcha d'Ysée, la saisit à bras-le-corps et l'embrassa.

La scène n'offrait aucune ambiguïté. L'embrassade n'était qu'amicale. Ysée pointa un index accusateur vers Blaise :

« La prochaine fois que tu fais ça sans prévenir, je t'arrache les cheveux, c'est bien noté ? »

Blaise prit un air contrit et baissa la tête. Lukas commença à rire le premier et, bientôt, tout le monde le suivit.

Karvina arriva peu après, alertée par le bruit. La sécheresse de son ton tranchait avec sa douceur habituelle :

« Le dortoir est fermé aux filles depuis une bonne heure. Lally et Ysée, je vous prie de sortir immédiatement. Vous assurerez demain matin une heure de corvée collective en aidant le chef à préparer le petit déjeuner. C'est compris ?

– Oui, madame.

– Maintenant, filez dans votre chambre, et sans un mot ! »

Les deux filles s'inclinèrent devant cette autorité qu'elles ne soupçonnaient pas. Une heure de sommeil en moins la veille de l'évaluation, voilà ce qu'elles avaient gagné. Mais pour toutes les deux, cette entorse aux règles en valait la peine. La situation était éclaircie, leur amitié retrouvée. Une seule ombre restait au tableau : Alyson les avait-elle manipulées par pure méchanceté ou poursuivait-elle un objectif précis ?

27
L'évaluation

Le jour de l'épreuve tant attendue était arrivé ! Regroupés devant le panneau d'information, les élèves de secondes découvraient l'ordre de passage de l'après-midi ainsi que les montures que Léonard avait attribuées aux concurrents en tirant au sort. Le vent frais qui soufflait dans les travées de l'écurie n'empêchait pas les esprits de s'échauffer. Dans une demi-heure commencerait la sélection pour Londres.

Jena rejoignit Lally et Ysée :

« Lally, tu hérites de Nuts avec une heure à patienter. Ysée, tu entames le bal avec Oural.

– Et toi ? » demanda Ysée.

Jena lui fit un grand sourire :

« J'ai une sacrée chance ! Je passe juste après toi, sur Redsky !

– Avec ta technique et un cheval comme Redsky, constata Lally, tu vas faire des étincelles ! »

Ysée entra dans la sellerie pour préparer le matériel. Le stress montait, mais elle restait confiante. Le moment était venu de tirer bénéfice des heures d'entraînements passées aux côtés de Jena. Elle glissa la selle d'Oural sur son bras gauche, attrapa son filet et son tapis de selle et se dirigea vers son box. Elle était satisfaite du tirage au sort. Bien sûr, Redsky lui aurait apporté une garantie supplémentaire de réussir, mais à force d'expérience, elle savait maintenant comment manier Oural avec adresse. Elle garderait quelques minutes de relaxation avant la reprise pour éviter de le contaminer avec des émotions parasites. Lally l'accompagna et dit :

« La réputation d'Oural jouera peut-être en ta faveur. Tout le monde connaît sa tendance à virer ses cavaliers. Tu t'accroches bien, et c'est gagné !

– Tu pourrais m'attacher les pieds sous son ventre ? » plaisanta Ysée.

Tidoy s'était faufilé dans le box et se tenait entre les quatre pattes d'Oural. Lally l'attrapa par le collier :

« Je voulais te demander une chose », dit-elle.

Ysée glissa son pouce droit au fond de la mâchoire d'Oural qui rechignait à avaler le mors. Lally poursuivit :

« Avec la fête, notre dispute et tout ça, je n'ai pas beaucoup préparé l'évaluation, je vais aller m'entraîner un peu. Ça t'ennuie si je n'assiste pas à ton passage ?

– Non, vas-y ! » l'encouragea Ysée.

Pour rien au monde elle n'aurait avoué son soulagement. Elle ne craignait pas une évaluation devant un public d'inconnus, mais, face à ses amies, il en allait tout autrement !

Cinq minutes avant son heure de passage, Ysée posa une main sur l'encolure d'Oural. Elle respira lentement, profondément, comme le lui avait appris Béa. Puis elle appliqua les techniques de visualisation enseignées par M. Keating : elle imagina que des racines partaient de ses pieds pour s'enfoncer dans la terre, qu'elle restait stable au milieu d'une tempête. Pour terminer, elle se représenta le parcours les yeux fermés, comme si elle était en train de le réaliser. Le professeur leur avait affirmé que cette préparation psychologique envoyait un signal rassurant au cerveau et que les chevaux le ressentaient. Elle ignorait s'il avait raison, mais constatait une chose : Oural était très calme. Et ça, c'était un très bon signe pour la suite.

Elle mena sa monture jusqu'au manège, entra à l'invitation des trois juges et se hissa sur le dos d'Oural. Elle était prête.

La première partie de l'évaluation portait sur le saut. Ysée passa tous les obstacles, guidant Oural des jambes et des mains. Le cheval n'opposa aucun refus, au grand soulagement de sa cavalière. Quand elle se représenta face aux trois professeurs assis dans les gradins, leurs regards étaient impénétrables.

M. Keating lui indiqua la suite de l'épreuve : une évolution classique sur le plat.

Concentrée, Ysée enchaîna les voltes, les demi-voltes, les serpentines et les doublés. Tout se déroulait au mieux. Elle tenait son assiette comme Jena le lui avait appris, un peu figée, sans trop accompagner les mouvements du cheval. Quand Oural prenait le mauvais pied, elle s'abstenait d'intervenir malgré son envie instinctive de le corriger. Pour elle, qui avait toujours monté sans se préoccuper de technique, l'épreuve exigeait une concentration extrême.

À nouveau, elle se plaça face au jury, souriante. Ysée pensa que Jena aurait été fière d'elle si elle avait assisté à son passage ! Sans se départir de leur mine insondable, les professeurs prièrent Ysée de prévenir le candidat suivant.

Debout à l'entrée du manège, Jena tenait Redsky par la bride. Quand Ysée la croisa, elle ne lui posa aucune question, ne lui adressa pas même un regard. Concentrée sur l'examen, les yeux fixes, les mâchoires serrées, Jena s'avança dans l'enceinte. Ysée lui souhaita bonne chance, mais n'obtint aucune réponse. Jena était enfermée dans sa bulle et ne semblait pas l'avoir entendue.

Du fond de la travée, Lally, qui revenait de son entraînement, demanda à Ysée :

« Alors ? Comment ça s'est passé ?

– Bien ! Je n'aurais pas pu faire mieux ! » répondit la jeune fille, le sourire aux lèvres.

Dire que l'après-midi traîna en longueur est un euphémisme. Pour tous les élèves de secondes qui s'entassaient dans le foyer au fil des passages devant le jury, il n'existait pas de période plus remplie de stress et d'ennui. M. Keating mit fin à leur attente en annonçant les noms des cinq gagnants.

Deux filles et trois garçons se réjouirent de leur succès tandis qu'Alyson reniflait de mépris. Sa candidature n'avait pas été retenue. Jena, Ysée et Lally restèrent silencieuses, affrontant avec autant de dignité que possible l'absence de leur nom dans la liste. Malgré son propre échec, Blaise tenta de détendre l'atmosphère :

« Dire qu'on a failli se noyer dans le *fog* de Londres ! Je ne suis pas fâché d'y échapper ! »

Mais le cœur des élèves déçus n'était pas à la plaisanterie. Lally tapotait la tête de Tidoy pour se consoler. Le visage très pâle, Jena s'éclipsa et Ysée sortit du foyer sans adresser la parole à quiconque. Même si elle avait prétendu le contraire, elle pensait avoir une petite chance de faire partie des cinq premiers. Les professeurs avaient répété que le niveau ne constituait pas le seul critère de sélection. Ils avaient insisté sur la nécessité pour les élèves choisis de retirer quelque chose de l'expérience. Et qui aurait pu tirer un meilleur enseignement de ce concours, si ce n'est elle, qui n'avait jamais participé à la moindre compétition ?

Des nuages avaient envahi le ciel. L'orage menaçait d'éclater, mais Ysée s'en moquait. Elle courut jusqu'au paddock des Przewalski, ouvrit la porte, la referma, et se laissa glisser contre le mur. Assise, les genoux enserrés dans ses bras, elle s'autorisa enfin à pleurer.

C'était la première fois qu'elle pénétrait dans l'enclos de manière aussi brusque. Après un bref moment d'affolement, les chevaux retrouvèrent leur sérénité. La vieille jument s'approcha même de la jeune fille pour effleurer ses cheveux du bout des naseaux.

De l'autre côté du paddock, Anaïr s'agitait. Elle tournait en rond, hennissait, secouait la tête, tout cela sans jamais cesser de surveiller Ysée. Sa nervosité dépassait encore le niveau de la veille :

« Eh ben alors, qu'est-ce qui se passe, la belle ? »

La voix de Léonard fit sursauter Ysée. L'homme à moustache gardait ses yeux inquiets fixés sur Anaïr. Il ne semblait pas avoir remarqué la jeune fille. Ysée se sentit coupable. Sa présence dans le paddock n'arrangeait rien à l'anxiété de la jument. Quel comportement égoïste ! Elle venait se réfugier là sans même se préoccuper de la santé des chevaux. Elle se releva :

« Ysée ? s'étonna Léonard.

– Je vais sortir, Anaïr retrouvera plus facilement son calme.

– Bonne idée, Ysée. Mais, bon sang de bois, je crains que cela ne soit plus grave que ça. Et qu'est-ce que tu fais là, toi ?

– J'ai raté l'évaluation pour le concours.

– Et alors ?

– Et alors, voilà…

– Mais bougre de gamine trop gâtée, on ne t'a jamais dit que quand on tombe de cheval, on remonte aussitôt sur son dos ? Va donc seller ton cheval et refaire tes trucs et tes machins dans le manège. Ça t'aidera davantage que de pleurnicher dans ton coin. »

Ysée haussa les épaules. Léonard l'agaçait avec ses jugements à l'emporte-pièce. D'abord, elle ne pleurnichait pas, elle pleurait. Et recommencer la séance sur Oural ne changerait rien du tout ! Quel intérêt ? À force de s'appliquer à respecter toutes les techniques que lui avait enseignées Jena, elle n'avait pris aucun plaisir à monter. Elle était même certaine que son cheval n'avait pas apprécié l'exercice.

À cette idée, tout s'éclaira. Voilà ce qu'elle devait faire ! Réitérer l'exercice, mais à sa manière, pour son plaisir. Elle sentait comme une envie de revanche l'animer, une soif de se prouver à elle-même de quoi elle était capable, sans tenir compte de toutes ces contraintes qui étouffaient sa spontanéité. Elle sortit en direction du box d'Oural.

Une barre, deux barres, une demi-volte, repartir, sauter, passer du pas au galop ; Ysée suivait son instinct. Elle plaçait son bassin sans s'inquiéter de son assiette, elle imposait un changement de pied à Oural dès qu'elle en percevait la nécessité. Comme il était bon de monter sans se poser de question ! Oural semblait apprécier la manière dont sa cavalière le menait et Ysée retrouvait enfin les sensations de liberté qu'elle aimait partager avec son cheval.

Concentrée sur son parcours, la cavalière ne vit pas les personnes qui s'étaient accoudées à la porte du manège. Jena, M. Keating et Mme Polsh la regardaient évoluer en silence. Quand elle eut achevé toutes les figures qui lui avaient été imposées lors de l'évaluation, elle se pencha sur l'encolure d'Oural pour le flatter. Léonard avait raison : elle se sentait désormais prête à accepter sa défaite.

Elle venait de mettre pied à terre quand la voix de M. Keating lui fit soudain prendre conscience qu'elle n'était pas seule dans le manège :

« Pourquoi montes-tu différemment de tout à l'heure ? »

Ysée, gênée d'avoir été surprise, rougit et balbutia :

« Pendant l'évaluation, je me suis concentrée pour appliquer toutes les règles que m'avait enseignées Jena. Mais là, j'avais envie de me laisser aller. »

Elle se tourna vers Jena et lui sourit, comme pour la remercier, puis elle poursuivit :

« J'avais besoin de retrouver ce qui me manquait le plus : le contact avec mon cheval. Alors, j'ai fait ça à ma manière !

– Tu manques de technique, Ysée, je te l'ai déjà dit, lui répondit M. Keating. En revanche, tu trouves d'instinct la bonne assiette, tu orientes spontanément la marche de ton cheval. En bridant tous ces aspects pendant l'évaluation, tu as rompu le lien qui t'unissait à ta monture. Tu allais à l'inverse de ce qu'il fallait faire. Et voilà que maintenant tu retrouves tes réflexes. Jena avait sûrement plein de bonnes intentions, mais je crains que ses talents de professeur ne soient pas à la hauteur de ses dons de cavalière. »

Ysée resta muette. Oural manqua même de la faire tomber en tirant sur ses rênes. Jena lui adressa un geste d'excuse de la main :

« Je suis désolée Ysée. Je t'ai induite en erreur. Je m'en veux, je m'en veux, si tu savais !

– Tu n'as pas à t'excuser, Jena. Tu as fait de ton mieux en me consacrant tout ce temps. Si tu en avais profité pour t'entraîner, tu aurais peut-être fait partie des sélectionnés.

– Les choses sont plus compliquées que ça, les interrompit Mme Polsh. Vous aviez toutes les deux de bonnes raisons pour que l'on retienne vos candidatures. D'ailleurs, vous étiez les suivantes sur la liste. Jena, parce que ta technique et ton implication font de toi une excellente compétitrice. Et toi, Ysée, parce que tu aurais eu l'opportunité de découvrir l'univers d'un concours. Mais il fallait faire des choix. Ce n'est que partie remise, pour l'année prochaine. Maintenant, Ysée, ramène donc Oural à son box. Vos camarades sont déjà tous à la fête. »

Pendant que les deux jeunes filles s'éloignaient, les professeurs restèrent accoudés à la barrière.

Mme Polsh demanda à voix basse à son collègue :

« Quand tu disais que Jena était pleine de bonnes intentions, tu y croyais vraiment ? »

M. Keating lui répondit par une moue dubitative :

« On n'accuse pas sans preuve. Je préfère croire que oui. Tu ne penses pas que c'est mieux ? »

Mme Polsh s'écarta de la barrière :

« Je crois que ni toi ni moi ne sommes dupes. Reste à savoir dans combien de temps Ysée cessera de l'être. »

28
L'échappée

Dans le réfectoire, les tables avaient été poussées contre les murs, et on avait suspendu des boules à facette au plafond. La soirée « Comme à la maison » battait son plein. Les élèves s'étaient donné le mot pour se déguiser et les tenues rivalisaient d'inventivité.

Ysée n'avait pas le cœur à la fête, mais Blaise l'entraîna pourtant par le bras vers la piste de danse. Il chantait à tue-tête une chanson que le DJ de la soirée s'empressa de passer sur ses platines. Quand la danse s'acheva, Ysée se retrouva à côté de la porte. Elle en profita pour sortir discrètement et inspirer l'air frais de la nuit. La musique lui parvenait encore aux oreilles, mais à mesure qu'elle s'éloignait en direction des écuries, le brouhaha de la fête s'estompa. D'un coup, le cri d'un oiseau la fit sursauter. Quelques instants plus tard, une chouette effraie s'envola si près d'elle qu'Ysée sentit sur son visage le courant d'air provoqué par ses battements d'ailes.

Dans le paddock des Przewalski, tout était calme. Anaïr ne réagit pas à l'appel d'Ysée. Figée, elle ne bougeait pas d'un pouce et la jeune fille se sentit rassurée. À la voir ainsi, immobile comme une statue, elle supposa que la jument était en train de dormir.

Elle débloqua le loquet dans l'obscurité, entrouvrit la porte, et s'approcha sans bruit d'Anaïr.

Mais Ysée s'était trompée. Anaïr ne dormait pas. La jument hennit, fonça sur Ysée qui n'eut que le temps de se jeter de côté, et s'échappa au galop vers le portail du lycée. Quelques instants plus tard, ses sabots heurtaient les rochers qui affleuraient la lande.

Ysée se précipita à l'entrée de l'enclos, bouleversée par la réaction imprévisible de la jument. Heureusement, les autres chevaux n'avaient pas suivi le mouvement. La jeune fille verrouilla la porte. Elle serrait les dents. Comment avait-elle pu être aussi stupide ? Même un débutant ne laisse pas un paddock ouvert quand sa monture y vaque en liberté !

Ysée essaya de se concentrer sur la situation. La jeune fille n'avait pas le droit de sortir seule dans le parc, encore moins après la tombée de la nuit. Le plus simple aurait été de prévenir Léonard ou la directrice. Mais le risque était grand. M. Keating avait été clair lorsqu'il lui avait reproché de ne pas avoir correctement soigné sa monture, la fois où elle rentrait de balade. Au moindre faux pas, la sanction tomberait.

Ysée décida d'aller chercher de l'aide auprès de ses amis. À plusieurs, les chances de retrouver la jument augmenteraient et ainsi, l'incident resterait secret.

Dans le réfectoire du château, Lally continuait de danser tout en pleurant de rire. Elle et Blaise menaient le concours de la danse en duo la plus ridicule. Ysée mit brutalement fin à leur jeu en la tirant vers le buffet.

En quelques mots, elle expliqua à son amie la situation catastrophique dans laquelle elle se trouvait. Mais Lally balaya ses inquiétudes d'un mouvement évocateur du bras :

« Il ne faut pas t'inquiéter pour ça, la jument ne risque rien. C'est un cheval rustique, il ne peut rien lui arriver de grave. On parie qu'elle reviendra demain à l'écurie pour manger sa ration ? Et puis, cette petite escapade lui fera un excellent exercice. Tous les Przewalski seront remis en liberté d'ici quelques mois ; elle aura eu un avant-goût ! Allez, viens plutôt t'amuser ! »

Lally tenta d'entraîner Ysée vers la piste de danse, mais la jeune fille résista. Certes, les arguments de son amie étaient fondés, mais il manquait un élément à sa réflexion : jusque-là, Anaïr n'avait pas essayé de fuir. Ce changement dans son comportement dissimulait peut-être quelque chose de grave.

Ysée sentit son cœur s'accélérer à l'idée qu'il s'agisse de coliques. Les chevaux qui en souffraient ne survivaient pas toujours.

Lally finit par proposer :

« Si elle n'est pas revenue d'ici la fin de la soirée, je pars à sa recherche avec toi, ça te va ? D'ici là, je profite de la fête… On s'est donné tellement de mal à l'organiser, pas question de passer à côté ! »

Puis elle s'éclipsa au milieu des danseurs.

Ysée fouilla la salle du regard. Jena n'était pas là. Elle ne se remettait pas de son échec à l'évaluation et avait prévenu ses camarades de chambrée de ne pas la réveiller en rentrant de la soirée.

De l'autre côté de la salle, Joyce et Lukas étaient lancés dans une discussion animée avec le DJ, et Ysée n'eut pas le courage de les interrompre.

Quant à Romain et Markus, ils dansaient sur la piste. Ysée n'osa pas aller les voir parce qu'Alyson était avec eux. Qui sait si elle n'irait pas la dénoncer ?

Ysée regarda sa montre. Elle avait déjà laissé filer une dizaine de minutes, pendant lesquelles la jument continuait à s'éloigner. Si la Przewalski prenait une trop grande avance, il deviendrait très difficile de la retrouver.

Ysée fit un dernier tour d'horizon des participants à la fête puis s'en alla. Aucun d'entre eux n'accepterait de l'aider. Il n'y avait plus une seconde à perdre. Elle courut vers les écuries.

29
À bas

Dans son box, Wifi trépignait. Avait-elle senti quelque chose ? Ysée hésita un instant. La magnifique jument l'attirait, mais elle n'était encore que partiellement dressée. Si Wifi ruait et qu'Ysée tombait, les chances de rejoindre Anaïr seraient réduites à néant.

La jeune fille passa devant le box d'Oural sans ralentir ; elle ne pouvait pas le prendre. L'angoisse qui l'habitait le contaminerait avant même de le seller. Au bout de la rangée, Ysée entendit Redsky hennir. Voilà la jument qu'il lui fallait ! La jeune fille courut à la sellerie pour y attraper son filet, mais laissa la selle, par manque de temps. Puis elle revint vite jusqu'au box de la jument.

Au loin, Ysée entendit un cri. Redsky pointa ses oreilles en avant. S'agissait-il d'Anaïr, ou Ghorse avait-il choisi cette nuit pour hanter la lande ? Ysée secoua la tête ; ce n'était pas le moment de s'inquiéter de ça. Elle sauta sur le dos de Redsky, comme elle avait appris à la faire en cours de voltige.

Les premières minutes, la jeune fille mena sa monture au trot vers les collines qui séparaient les terres du lycée de celles de McLagor. Elle n'avait aucune idée de la direction prise par Anaïr. Elle agissait donc par déduction. De l'autre côté, la rivière qui coulait depuis le loch d'en haut jusqu'à celui d'en bas formait une première barrière naturelle. Au-delà, la forêt, qui parsemait les flancs des montagnes, se prêtait mal à la progression d'un cheval emballé.

Le doute lui donnait pourtant des sueurs froides. Elle frissonna au contact du vent glacé.

Un nouveau hennissement retentit droit devant elle. D'un coup de talon, Ysée incita Redsky à galoper. Les rayons de la lune dispensaient une douce luminosité. Malgré le sol inégal, Redsky adopta une allure régulière. Elle semblait avoir développé un sixième sens pour anticiper les accidents de terrain, les rochers cachés par les fougères, les trous et les bosses. Ysée lui laissait la main. L'odeur de la terre fraîche emplissait ses poumons. Elle détectait chaque tressaillement de la jument et accompagnait tous ses mouvements. Dans l'obscurité, les bruits prenaient plus d'ampleur et faisaient renaître l'angoisse.

De l'autre côté du col, en direction des terres de McLagor, l'inclinaison de la pente s'accentuait. Peu habituée à monter à cru, Ysée craignit de glisser vers l'encolure. Mettre pied à terre l'aurait retardée, elle préféra entamer la descente au pas. Soudain, Redsky redressa la tête, les oreilles pointées vers l'avant. Ysée s'efforça de discerner quelque chose dans le noir, un bruit, un son qui lui aurait échappé. Mais elle n'entendit rien de particulier. Redsky frémissait pourtant d'impatience. Tous ses muscles tressaillaient. Ysée sentit enfin l'espoir l'envahir :

« Tu sais où elle est, c'est ça ? »

Pour toute réponse, Redsky donna un violent coup de tête pour se soustraire à la contrainte du mors. Ysée manqua de glisser au sol, se rattrapant *in extremis* à la crinière de la jument. Sans attendre que sa cavalière retrouve son équilibre, Redsky dévala la pente et, dès que le terrain s'y prêta, passa au galop. Ysée lui laissait du mou. Les mains toujours crispées sur la crinière, les jambes fermement serrées contre les flancs de la jument, la jeune cavalière tenait bon, portée par sa confiance en sa monture. Jamais Redsky n'aurait agi de cette manière si elle n'avait pas une bonne raison de le faire. Et quelle meilleure explication pouvait-on donner à son comportement sinon le besoin de venir en aide à l'une de ses congénères ?

Sur le plat de la lande, Ysée retrouva sa stabilité. Dans la pénombre, elle remarqua une masse qui l'intrigua. Elle ne ressemblait pas à un rocher. Redsky se dirigea droit sur elle et, peu après, Ysée la reconnut.

Anaïr était couchée au sol, sur le flanc, immobile. Quelqu'un se tenait au-dessus d'elle, les deux mains posées sur son ventre. De ses bras tendus, il appuyait de tout son poids sur le corps de la jument. Les battements de cœur d'Ysée s'accélérèrent sous l'effet de la panique : que faisait cet inconnu ? Il risquait de blesser la jument ! Elle hurla à l'inconnu d'arrêter, mais il ne l'écouta pas. Ysée se tint prête à lui bondir dessus. Mais, grâce aux rayons de la lune, plus elle s'approchait, mieux elle le distinguait. Il s'agissait d'un jeune homme un peu plus âgé qu'elle, aussi grand que Romain, dont les traits du visage se crispaient sous l'effort. Il releva la tête quand elle arriva. Un pli soucieux barrait son front. Quelque chose n'allait pas. Ysée était tétanisée ; elle venait de comprendre. Sans cesser d'appuyer sur le ventre d'Anaïr, l'inconnu confirma son hypothèse :

« La jument est en train de mettre bas. Le poulain se présente mal, il est bloqué. Si elle ne parvient pas à l'expulser, j'ai peur qu'il ne s'en sorte pas. »

Le jeune homme se remit à exercer une forte pression sur l'abdomen de l'animal puis ajouta :

« Et la jument mourra aussi. »

30

Sauvetage

Jamais Ysée ne comprit mieux l'expression « bride abattue » que ce soir-là. Redsky filait aussi vite qu'il lui était possible compte tenu du terrain abrupt et accidenté. Ysée l'encourageait malgré sa propre fatigue. Monter à cru exigeait de ses muscles des efforts considérables pour ne pas glisser. Elle déployait toute son habileté pour éviter une chute qui l'aurait retardée.

La situation était grave. Ysée tenta d'imaginer ce qu'elle ferait une fois arrivée au lycée : prévenir la directrice, attendre que le vétérinaire arrive au château, lui donner les explications, repartir vers Anaïr… Tout cela mettrait beaucoup trop de temps ! La jument ne tiendrait peut-être pas jusque-là.

Ysée savait qu'il y avait une autre solution. Mais sa mise en œuvre supposait d'enfreindre toutes les règles de l'établissement. La jeune fille risquait une sanction terrible : le renvoi du lycée… la fin de son rêve.

Redsky achevait la descente de la dernière colline. Le château de Ghorse se profilait, silhouette noire sur fond de nuit. Ysée n'avait plus le choix. Elle devait prendre une décision et l'assumer. Après tout, sans son inconscience, sans cette porte qu'elle avait oublié de refermer, Anaïr ne se serait pas échappée. Elle se trouverait entre les mains expertes de Léonard. Le vétérinaire serait déjà sur place. Comme elle s'en voulait !

La jument souffrait. Si elle ne survivait pas, Ysée en porterait la culpabilité. En attendant, elle n'avait pas d'autre solution que de mettre toutes les chances du côté d'Anaïr, quelles qu'en soient les conséquences pour son propre avenir.

En arrivant au lycée, elle remit Redsky dans son box. La jument était couverte de sueur, essoufflée, épuisée. Elle se laissa ôter le filet et passer le licou sans rechigner. Ysée l'abandonna en lui promettant de revenir la bouchonner dès que possible.

Ysée créa la surprise quand elle surgit dans le réfectoire, les cheveux emmêlés, en sueur et les joues rouges. Lally et Blaise se précipitèrent vers elle. Le souffle court, Ysée tenta de leur expliquer les événements des dernières heures, mais ses phrases étaient incompréhensibles ; on ne distinguait que les mots « poulain », « mort », « ma faute », « terrible ». Lally lui attrapa le visage, plongea ses yeux dans les siens et, sur un ton qui ne souffrait pas la contestation, lui ordonna de se calmer.

Après une longue inspiration, Ysée parvint à mettre Blaise et Lally au courant de l'histoire :

« Tu as l'habitude de soigner les chevaux dans ton ranch, Lally, tu pourras aider Anaïr, j'en suis certaine ! Blaise alertera Mme Stample cinq minutes après notre départ, quand il sera trop tard pour nous rattraper. C'est la seule manière d'éviter à Anaïr de rester sans secours jusqu'à ce que le vétérinaire prenne le relais. »

Sans plus réfléchir, Lally demanda à Blaise de lui apporter ses bottes aux écuries, pour qu'elle soit prête à partir le plus vite possible.

Pour la première fois de la soirée, Ysée ressentit un peu d'apaisement. Si elle se doutait qu'on pouvait compter sur Lally, elle en avait désormais la preuve. Elle n'était plus seule.

Blaise rejoignit les deux filles alors qu'elles sellaient Alpagua et Woogie. Elles avaient choisi deux hongres réputés pour leur docilité qui, d'ordinaire, étaient réservés aux cours de voltige des premières et des terminales.

Lally envoya valser ses ballerines et glissa ses pieds nus dans ses bottes d'équitation. Juste avant le départ des filles, Blaise tendit à Lally le téléphone clandestin qu'il n'avait pas remis à la rentrée :

« Ça pourra te servir pour que le vétérinaire te donne les gestes à faire en attendant son arrivée. »

Les deux filles remercièrent leur ami puis mirent leurs montures au galop. Blaise les regarda filer puis se dirigea vers le château. Dans cinq minutes, il tambourinerait à la porte de la directrice. Les dés étaient jetés. Il était trop tard pour revenir en arrière. Il n'y avait plus qu'à espérer qu'Ysée et Lally réussissent à sauver la jument et son petit.

À mesure qu'elles progressaient sur la lande, Ysée se rasséréna. À ses côtés, Lally galopait, concentrée. Elle avait l'habitude de ce genre de situations et n'avait pas perdu son sang-froid. Elle avait même préparé un sac de secours en quelques minutes, avant de partir.

Alpagua et Woogie parvenaient à anticiper les pentes glissantes de la colline ; ils adaptaient leur vitesse en fonction des obstacles qu'ils rencontraient.

Quand les deux jeunes filles aperçurent l'inconnu, il n'appuyait plus sur le ventre de la jument. Un frisson fit trembler Ysée, elle avait soudain peur d'arriver trop tard.

À peine descendue de sa monture, Lally installa son matériel. Elle déplia une couverture propre pour y vider le contenu de son sac à dos : des bouteilles d'eau, du savon, une grosse éponge, des ciseaux, un flacon de désinfectant et une paire de gants de vaisselle, le tout trouvé dans les placards de la cuisine du réfectoire.

Le garçon lui expliqua, dépité :

« Je ne sais plus quoi faire. Je crois qu'elle a abandonné. Elle ne pousse plus. Elle n'a même plus la force de hennir. »

La jument semblait à bout de forces. Les poils de ses épaules et de ses flancs étaient trempés de sueur. Sa queue ne bougeait plus. On ne voyait qu'un petit bout de sabot du poulain. La panique qui se lisait dans les yeux de la mère faisait peine à voir.

Lally demanda :

« Est-ce qu'elle a perdu les eaux ?

– Oui, répondit le garçon, enfin… je crois. »

Elle se tourna vers Ysée :

« Penche-toi sur elle, et parle-lui pour la rassurer comme tu sais si bien le faire. Je vais essayer de remonter le poulain puis de guider ses deux pattes avant et sa tête pour qu'il s'engage correctement. Toi, dit-elle en s'adressant au jeune homme, tu vas m'aider en guidant le corps du poulain depuis l'extérieur. »

Ysée et le garçon hochèrent la tête. Ils étaient prêts. Lally ordonna :

« On commence par retourner la jument du flanc gauche au flanc droit. Elle sera mieux positionnée. »

Les trois jeunes gens conjuguèrent leurs efforts. Ils accompagnèrent la jument jusqu'à ce qu'elle bascule de côté. Elle geignit, mais n'opposa aucune résistance. Elle semblait avoir compris que ceux qui l'entouraient ne présentaient pas de menace. Au contraire.

Lally désinfecta avec soin les gants de la trousse de secours, puis les enfila :

« On y va ! »

Très doucement, elle entreprit l'opération annoncée. La jument gardait les yeux fixés sur le sol, mais ses oreilles restaient tournées vers Ysée. Elle écoutait la voix rassurante de la jeune cavalière.

Peu à peu, Lally parvint à modifier la position du poulain. En tâtonnant, elle trouva le bout de sa tête et ses deux sabots. Elle ignorait si le petit vivait encore, mais elle savait que la probabilité était faible :

« Il est prêt ! Il faut que la jument pousse, maintenant. »

Mais Anaïr, éreintée, ne bougeait plus. Ysée l'encouragea, Lally tapota plusieurs fois son abdomen pour déclencher une contraction, recommença… En vain.

Le garçon échangea un regard avec Lally qui secoua la tête. Elle était arrivée trop tard. La jument se laissait mourir. Seule l'intervention du vétérinaire, avec le matériel pour une césarienne, la sauverait :

« Ysée », chuchota-t-elle.

Ysée, qui continuait à stimuler Anaïr, regarda son amie. Elle n'eut pas besoin d'explications pour comprendre que Lally était sur le point d'abandonner. Elle sentit alors un sentiment de révolte grandir en elle. Elle lui répondit d'une voix sourde :

« Non, on n'en reste pas là. Les contractions, on va en avoir. Et, s'il faut sortir ce poulain nous-mêmes, on le fera. »

Elle s'allongea de tout son poids sur le flanc d'Anaïr et appuya à l'endroit du ventre où le poulain formait une bosse :

« Si la jument ne participe pas, ça ne suffira pas, Ysée, lui expliqua Lally d'un ton désolé. Ce n'est pas de ta faute.

– Si, c'est de ma faute ! répliqua Ysée. Elle va pousser, c'est moi qui te le dis. Elle va pousser parce que c'est une battante, parce qu'elle n'a pas le droit de renoncer, et qu'elle le sait ! »

Anaïr émit un gémissement déchirant. Puis rassemblant toute l'énergie qui lui restait, elle tendit ses jambes raides, contracta son dos et poussa. Stupéfaite, Lally réagit très vite et aida le poulain à suivre le bon chemin. Les membres antérieurs et la tête sortirent les premiers. Puis le reste du corps vint. Le poulain glissa à terre.

Durant quelques secondes, Ysée et le garçon gardèrent leurs yeux braqués sur le petit que Lally auscultait. Quand elle releva la tête, elle murmura, émue :

« C'est une pouliche. Elle respire. Elle respire ! »

Après un silence incrédule, Ysée poussa un cri de joie. Enfin, tout s'arrangeait !

Au loin, un hennissement sauvage lui répondit. Le jeune homme s'agenouilla auprès de la pouliche :

« Ghorse te souhaite la bienvenue, petite jument. »

Debout sur la lande, Ysée, Lally et l'inconnu attendaient l'arrivée du vétérinaire. Alpagua et Woogie savouraient les touffes d'herbe grasse. La pouliche s'était levée. Anaïr, encouragée par ses trois sauveurs, en avait fait autant. Ni la mère ni la petite ne donnaient le sentiment d'une grande stabilité, mais le spectacle qu'elles offraient était touchant. La jument léchait sa pouliche qui, la tête sous le ventre de sa mère, avalait ses premières gorgées de lait.

Ysée tremblait, autant de froid que d'émotion. Elle portait la veste que le garçon avait posée sur ses épaules quelques instants auparavant. Interrogé par Lally, le jeune homme expliqua :

« Je suis chez mon oncle depuis trois jours, le vieux McLagor. Quand j'ai entendu les hennissements de la jument, j'ai vite compris qu'il ne s'agissait pas de Ghorse. J'ai couru et l'ai trouvée là. Au fait, je m'appelle Jehan. »

Il tendit la main à Lally puis à Ysée. Cette dernière lui sourit, gênée. Elle sentit ses joues s'empourprer. La présence du garçon la troublait. Il n'avait pas la beauté standard des acteurs de cinéma, mais il dégageait un charme bien particulier. Ses manières étaient simples et naturelles. Les trois jeunes gens discutèrent tandis que la jument prenait soin de son petit.

La directrice, Léonard et le vétérinaire arrivèrent à bord d'un 4 x 4 tractant un van. Oural occupait la remorque. Ysée et Léonard le firent descendre lorsque le vétérinaire examinait la jument et sa pouliche. Il donna son accord pour les embarquer. Anaïr et la petite seraient conduites aux écuries sous la surveillance du vétérinaire. Ysée, Lally et la directrice rentreraient à cheval.

Le vétérinaire serra la main de Lally :

« Bon retour à Ghorse, jeune fille, ou devrais-je dire, jeune collègue ? Vous avez déployé la compétence d'une professionnelle, je n'aurais pas fait mieux. Félicitations. »

Ce fut au tour de Lally, flattée, de rougir sous les compliments du vétérinaire.

Jehan alla détacher Atlas, l'étalon de son oncle. En un quart d'heure, il serait de retour chez lui. Il promit de venir le lendemain faire une visite au lycée.

Après le départ du vétérinaire et de Léonard, Ysée et Lally se retrouvèrent seules avec Mme Stample :

« On y va, mesdemoiselles. Sachez que je n'approuve pas votre comportement, surtout le vôtre, Ysée. Sortir la nuit, seule, c'est interdit. Même avec les meilleures intentions du monde. Encore un pas de travers, et ce sera le conseil de discipline, c'est compris ? Il n'y aura pas d'autre avertissement. »

Les deux amies lui répondirent avec un hochement de têtes contrit. La directrice monta sur Oural tandis qu'Ysée et Lally grimpaient sur Alpagua et Woogie. Mme Stample mena la colonne vers les collines. Le silence était tendu, l'ambiance pesante. Elle ajouta peu après :

« Je ne serais pas juste si j'omettais de te remercier, Lally. Le vétérinaire m'a confirmé que, sans toi, la jument et sa pouliche n'auraient pas survécu. Je suis furieuse à l'idée des dangers que vous avez courus toutes les deux. Mais je me réjouis d'avoir découvert tes talents, Lally. »

Le lycée était plongé dans le noir. Seules les veilleuses des écuries diffusaient encore une maigre lueur. Léonard achevait l'installation d'Anaïr et de sa pouliche dans le paddock laissé libre. Les deux filles conduisirent Alpagua et Woogie dans leurs box puis, comme elle l'avait promis, Ysée passa voir Redsky. La jument semblait paisible, elle renonça donc à la déranger. Lally préféra rentrer sans attendre.

Léonard apostropha Ysée :

« Ysée, tu me dois des explications. Je suis tellement en colère contre toi que je n'arriverai jamais à dormir. Qu'est-ce qui t'es passée par la tête pour entrer dans ce paddock à cette heure-là ?

– Je ne pensais pas qu'Anaïr réagirait comme ça. Je croyais l'avoir apprivoisée, ou presque.

– Bon sang de caboche entêtée, soupira le palefrenier, je t'ai dit et répété que les Przewalski sont des chevaux sauvages ! On n'est pas dans un roman, Ysée. Tout ne se passe pas toujours bien. »

Ysée se défendit :

« Finalement, Anaïr va bien. Et sa pouliche aussi. »

Léonard secoua la tête :

« Je m'inquiète pour toi, Ysée. Parce que tu es partie, en pleine nuit, seule, et sans prévenir. Il aurait pu t'arriver n'importe quoi sans que personne ne puisse te venir en aide. »

Ysée frissonna. Léonard avait raison. Elle venait de se rendre compte des dangers de sa cavalcade nocturne. Le palefrenier lâcha ses épaules, se redressa et lui dit :

« Allez, file te mettre à l'abri. Tu trembles comme une feuille !

– Le froid, je m'en fiche. J'ai des chaussettes en laine bien chaude. Je crois même qu'elles sont un peu magiques. »

Ils échangèrent un sourire complice.

Ysée rentra vers le château en songeant à Anaïr et à sa pouliche. Elle pensait également à Lally, qui lui avait été d'une grande aide, et à Léonard qu'elle appréciait de plus en plus. Puis le visage de Jehan occupa son esprit et elle sourit.

31
Au loch

Après leur courte nuit, Lally et Ysée participèrent aux séances matinales d'équitation dans un état second. Les cours en salle qui suivirent n'améliorèrent pas leur vigilance, d'autant plus qu'Ysée pensait à Jehan. Le garçon avait promis qu'il arriverait en fin d'après-midi, restait à savoir s'il viendrait seulement pour voir la jument et sa pouliche ou s'il avait aussi envie de la voir, elle.

À la dernière sonnerie, Ysée et Lally se précipitèrent vers les écuries où Jehan discutait avec Léonard, accoudés au paddock des Przewalski. En apercevant les deux jeunes filles, le garçon les interpella de loin :

« Une balade au bord du loch, ça vous tente ? »

Ysée n'aurait pu rêver mieux pour faire vraiment connaissance ! Lally murmura en lui donnant un coup de coude :

« Eh ! On dirait que notre sauveur d'hier soir te plaît ! C'est pour ça que tu avais ce sourire idiot vissé sur les lèvres, toute la journée ?

– Pas du tout ! se défendit Ysée, je ne le connais même pas !

– Le coup de foudre, tu en as déjà entendu parler ? Tu es rouge comme une pivoine. Fais semblant de rajuster ton lacet.

– Mais je suis en bottes ! »

Quelques pas plus loin, quand Ysée tendit sa joue à Jehan pour lui faire la bise, son visage avait repris une couleur normale. Jehan écoutait Léonard lui expliquer les recommandations du vétérinaire pour la jument et sa pouliche :

« Elles ont besoin de calme et de sérénité, ça veut dire "pas de visite", insista le palefrenier en fronçant les sourcils en direction d'Ysée : c'est bien compris, Mlle Je-N'en-Fais-Qu'à-Ma-Tête ?

– Oui, Léonard, je me sens déjà assez coupable comme ça. Je n'embêterai pas Anaïr, c'est promis !

– Et pour le loch, demanda Jehan, c'est d'accord ?

– Je suis partante », affirma Ysée.

Le garçon se tourna vers Lally :

« Et toi ? »

Lally eut une moue de dépit :

« J'aurais adoré, mais j'ai un truc à faire.

– Un truc plus intéressant qu'une promenade au loch ? s'étonna Jehan.

– On est jeudi, tu vois. Et le jeudi… »

Durant une seconde, Lally s'interrompit. Faute d'idée, elle énonça la première raison qui lui vint à l'esprit :

« … j'aide Blaise à faire ses devoirs. »

L'air de gratitude d'Ysée la réconforta ; son amie avait compris sa maladroite tentative de la laisser en tête-à-tête avec Jehan. Ce dernier manifesta sa déception. Désappointée, Ysée essaya de masquer ses pensées.

Visiblement, Jehan ne tenait pas à être seul avec elle.

Léonard ronchonna :

« N'oubliez pas que les règles sont les règles : pour sortir, il faut être à deux. J'ai toute confiance en Jehan, mais il n'est pas élève au lycée.

– Ah, tu vois, Lally, maintenant tu n'as plus le choix ! »

Lally s'inclina :

« OK, on va seller. »

Ysée la suivit, sans enthousiasme. La réticence de Jehan avait tout gâché. Elle comprenait mieux ce que ressentait Lally quand Romain l'évitait.

Jehan, Ysée et Lally descendirent jusqu'à la plage.

Les sabots d'Atlas, d'Oural et de Redsky soulevaient des gerbes d'eau sur la rive.

Les trois cavaliers mirent pied à terre dans une petite crique recouverte de galets et de sable. La discussion avait tout de suite été facile. Ils échangeaient sur mille choses, essentielles ou anecdotiques, et riaient beaucoup. Jamais Ysée n'avait rencontré un garçon avec lequel elle se sentait aussi à l'aise.

Agenouillé sur la plage, Jehan choisit deux galets blancs :

« Tiens ! Celui-ci est pour toi ! dit-il à Lally. Et voilà pour l'autre cavalière, ajouta-t-il en offrant le second à Ysée. Vous verrez qu'ils brillent comme de la nacre au soleil. Et ils changent aussi de couleur. Les vieux du pays prétendent qu'ils aident à prévoir la météo ! Moi, je crois surtout qu'ils portent bonheur. »

Ysée tendit son galet vers le soleil et la petite pierre polie prit soudain de chaudes couleurs automnales. Le geste de Jehan la touchait. Elle sentait grandir en elle l'envie que ce moment dure toujours. Lally avait parlé d'un coup de foudre, mais comment savoir ? Ysée ignorait si Jehan éprouvait la même chose qu'elle. Il avait paru tellement déçu quand Lally avait refusé de venir. Et puis… c'est à Lally qu'il avait offert le premier galet.

Un mouvement sur le loch les fit sursauter tous les trois :

« Là ! cria Jehan en pointant du doigt la surface de l'eau d'où un énorme poisson avait jailli.

– C'était quoi ? demanda Ysée.

– Le monstre, bien sûr ! Léonard ne t'a jamais raconté que celui du Loch Ness a la taille d'un microbe à côté de celui qui vit dans le loch de Ghorse ? »

Ysée s'esclaffa :

« Si j'écoutais toutes les histoires de Léonard, je finirais par penser que je suis moi-même une fée !

– Et tu n'aurais peut-être pas tort ! lança Jehan. Allez, il est tard, il vaudrait mieux rentrer. »

Durant tout le trajet du retour, Ysée se répéta en silence leur dernière discussion. Jehan avait sous-entendu qu'elle était une fée. Son cœur tambourinait dans sa poitrine… Peut-être qu'il l'appréciait, finalement…

Jehan prit congé devant la grille du château :

« Je file, merci pour la balade ! Je reviens samedi. On pourrait aller au Coshobo ensemble ? Romain me doit une revanche au bowling… »

Les filles le regardèrent s'éloigner sur la lande. Ysée prit une longue inspiration :

« Je crois que tu as raison, Lally ! Je suis amoureuse. »

32

Une place au concours

Deux semaines s'étaient écoulées depuis que la fête avait fait vibrer les murs de pierre du réfectoire. L'automne avait repris ses quartiers et il pleuvait.

Les secondes traversèrent en courant l'espace séparant les écuries et le château. Pour une fois, Blaise, Lally et Ysée ne traînaient pas derrière. Ils s'engouffrèrent dans le bâtiment et, après avoir ôté leur vêtement de pluie et leurs bottes boueuses, se dirigèrent vers la queue du self. Le cours de M. Keating occupait les discussions. Pour terminer la leçon, il avait imposé le port d'un bandeau sur les yeux. Les élèves avaient monté à l'aveugle. Ysée défendait passionnément cette technique et tentait de convaincre ses amis de son intérêt, sans regarder où elle allait. Emportée par son élan, elle heurta Romain :

« Aïe !

– Oh, désolée. Ça va ? »

Le garçon grimaça un sourire. Il tenait son index gauche serré dans sa main droite :

« Oui, ce n'est rien ! Je me suis cogné le doigt sur la poignée de maintien, en cours de voltige, et comme ma coupure n'est pas cicatrisée, il suffit de l'effleurer pour que ça me fasse un mal de chien. »

Blaise s'approcha :

« Ne me dis pas que c'est la petite coupure que tu t'es faite pendant les préparatifs de la fête ? Ça fait au moins quinze jours ! Montre ça ! »

Il attrapa la main de Romain pour décoller le pansement qui protégeait la plaie. Le doigt était gonflé et la plaie avait pris une allure suspecte. Blaise envoya un coup de poing amical dans l'épaule de son copain :

« Eh ! T'attends quoi pour aller à l'infirmerie ? Qu'on t'ampute de la main ? Regarde-moi ça, c'est superinfecté. Tu mangeras plus tard, va soigner ton doigt, et vite fait !

– Je peux t'accompagner, si tu veux », proposa Lally.

Romain déclina l'invitation, les yeux baissés. Mais il obéit à l'injonction de Blaise. Quand il arriva à la porte, il croisa Alyson et lui expliqua en deux mots où il se rendait :

« Je viens avec toi, lui dit-elle.

– Non, pas la peine.

– Je ne te demande pas ton avis, je viens, c'est tout. »

Cette dernière remarque autoritaire déclencha un long soupir chez Lally. Elle glissa à Ysée :

« À côté de cette fille, je me sens trop nulle ! Je ne sais vraiment pas m'y prendre ! »

Ysée lui répondit en riant :

« À côté de moi, tu es professeur ès garçons, je t'assure. Je ne suis même pas capable de découvrir si un garçon est amoureux de moi ou non ! »

Lally guida Ysée vers une table isolée. Elle installa son plateau et demanda :

« Puisque tu en parles, je voulais savoir : tu en es où avec Jehan ? Il vient presque tous les jours, on passe des moments sympas ensemble, il te dévore des yeux, mais on ne vous voit jamais en tête à tête. »

Ysée secoua la tête, les yeux fixés sur son assiette :

« Je ne sais pas, je suis complètement perdue. Tu sais, je ne suis jamais sortie avec un garçon.

– Jamais… jamais ?

– Non, jamais, jamais. À vrai dire, je ne suis jamais tombée vraiment amoureuse. Mais avec Jehan, c'est différent, c'est comme si… je savais que je l'attendais. Tu comprends ce que je veux dire ?

– C'est exactement ce que je ressens quand je vois Romain. Sauf que tu as plus de chance que moi : Jehan ne fait pas mine d'ignorer que tu existes !

– C'est plus compliqué que ça. Quand il me parle, j'ai l'impression d'être la personne la plus importante à ses yeux. Il me dit qu'il passe des moments géniaux avec moi. Il a l'air sincère.

– Extra ! Alors, il n'y a pas de problème ! Fonce ! »

Ysée grimaça. En repensant à tous ces instants passés avec Jehan, elle se sentit forcée de préciser :

« Le problème, c'est qu'il n'est pas clair. Il me fait la bise, comme à tout le monde. Il ne fait aucun geste qui pourrait laisser penser que… enfin, tu vois, il ne me touche même pas la main ! Et, quoi qu'on fasse, on ne reste jamais tous les deux. À chaque fois que j'ai tenté de discuter avec lui, ou plutôt la seule fois où j'ai essayé, il s'est échappé, sous prétexte qu'il était en retard pour suivre son cours sur Internet.

– Donc, conclut Lally, tu ne sais pas où tu en es ? »

Sa copine approuva d'un mouvement de tête. La jeune Américaine lui sourit :

« Ne t'inquiète pas. Les histoires de cœur des copines, ça me connaît. Je vais mener l'enquête. »

Devant l'air soucieux d'Ysée, elle ajouta :

« En toute discrétion, bien sûr ! »

Elles se turent car le professeur d'équitation s'approchait d'elles. Il se pencha vers Ysée :

« À la fin des cours, tu passeras nous voir. Mme Polsh et moi-même avons à te parler. »

Et M. Keating s'éclipsa, sans plus d'explications. Ysée et Lally passèrent la fin de repas à essayer de deviner la raison de cette convocation. Sans succès.

En fin d'après-midi, Ysée se rendit à la salle des professeurs. Elle s'arrêta un instant devant la porte pour inspirer profondément et chasser son angoisse. Dès qu'elle frappa, M. Keating l'invita à entrer et à s'asseoir à côté de Mme Polsh. Cette dernière prit la parole :

« Si tu es là, Ysée, c'est qu'un élève de première s'est blessé. Il ne pourra pas participer à la compétition de Londres. »

Le visage crispé de Romain lui revint en mémoire. Ysée s'inquiéta :

« C'est si grave que ça ? Il n'avait qu'une petite coupure !

– Une coupure pas si petite que ça et qui s'est infectée. Il se remettra vite, bien sûr. Mais le médecin recommande une interruption des activités sportives pendant quinze jours. Il n'ira pas à Londres. C'est toi qui le remplaceras.

– Moi ? »

Abasourdie, Ysée dévisagea les deux professeurs tout en serrant le galet de Jehan dans sa poche. Jehan avait-il dit vrai ? Était-ce un véritable porte-bonheur ? Son évaluation avait été un fiasco, tout le travail accompli auprès de Jena s'étant avéré contre-productif. M. Keating lui-même s'était étonné d'une telle baisse de niveau. Qu'elle soit sélectionnée alors que d'autres avaient fait beaucoup mieux n'avait aucun sens !

« Oui, toi, répéta Mme Polsh. Techniquement, tu n'es pas la meilleure, loin de là, tu le sais aussi bien que nous. Mais tu n'as jamais participé à un concours. Nous estimons que tu tireras un grand profit de cette expérience. À condition, bien sûr, que tu sois partante pour t'y rendre. Les compétiteurs ont déjà commencé le dossier "devoirs" que chaque élève de seconde doit remplir pour compenser son absence en cours. Tu disposeras de beaucoup moins de temps pour le compléter, ce qui signifie un travail intensif le week-end et tous les soirs. »

Ysée était folle de joie ; le travail ne lui faisait pas peur. M. Keating lui demanda si elle s'en sentait capable :

« Oui, bien sûr que je le suis !

– Très bien, nous avons fini. Tu peux t'en aller. »

Ysée sortit calmement, mais, une fois dehors, elle laissa s'exprimer sa joie. Les chevaux la regardèrent placidement tandis qu'elle courait le long de la travée.

Elle avait hâte d'être à demain pour partager cette nouvelle avec Jehan.

Ysée fit le tour de tous les professeurs pour récupérer la liste des devoirs à rendre dans le dossier. Malgré son enthousiasme, elle fut rattrapée par la réalité quand elle les feuilleta : la somme de travail s'annonçait colossale. Tous les cours qu'elle manquerait lors de son voyage à Londres devaient être étudiés à l'avance, les exercices faits, et tout cela avant le départ. Elle pouvait dire adieu à sa sortie au Coshobo en compagnie de Jehan ! Ysée regagna sa chambre, ses dossiers sous le bras. Lally, Joyce et Jena étudiaient, assises à leurs bureaux. Dès qu'elle leur annonça la nouvelle, Lally explosa de joie. Joyce s'étonna avec un grand sourire :

« Dingue, cette histoire ! Après ta performance, je n'aurais jamais imaginé qu'ils te sélectionneraient. En tout cas, c'est tant mieux pour toi. »

Ysée regarda Jena. Obstinément tournée vers le mur, la jeune fille tentait de se composer un visage réjoui :

« Je suis désolée Jena, dit Ysée. Tu montes mille fois mieux que moi, c'est injuste qu'ils ne t'aient pas choisie. »

Jena haussa les épaules, mimant l'indifférence. Seul un pli amer, au coin de sa bouche, trahissait son dépit.

Le lendemain, le château s'éveilla sous le soleil. Ceux qui étaient de corvée d'écurie avaient mis leur réveil, les autres se rendaient au self au compte-gouttes. Tous se jetaient sur les smartphones, les tablettes et les ordinateurs qui – enfin ! – captaient le réseau.

Ysée se leva tôt. Elle se rendit au CDI pour travailler. Après le repas, elle retrouva Jehan aux écuries, en grande conversation avec Romain, Blaise, Joyce et Lukas. À quelques mètres de là, le 4 x 4 de Mme Stample se tenait prêt à emmener Romain jusqu'en ville.

Jehan se tourna vers Ysée, l'air réjoui :

« Romain m'a raconté que tu le remplaçais pour Londres. Je suis déçu pour lui, mais je suis très content pour toi. Il paraît que tu as trop de travail pour venir au Coshobo. Priorité au concours, pas vrai ? Si tu veux, on ira au mont de la Croix, demain après-midi ? »

Les yeux d'Ysée brillèrent d'envie :

« Lukas et Joyce sont partants. Tu pourras le proposer à Lally, aussi ! » ajouta Jehan.

Le sourire d'Ysée se crispa. Encore ! Encore et toujours cette volonté de ne pas rester seul avec elle. Cette fois, c'était sûr, elle avait dû se faire des idées. Pour Jehan, elle n'était qu'une copine parmi d'autres.

Ce dimanche, le soleil était aussi généreux que la veille. Après un samedi entier passé à travailler jusqu'au soir, Ysée s'offrit le luxe de participer à la promenade au mont de la Croix. Oural appréciait de se dégourdir les pattes en dehors du lycée. Le paysage était magnifique. Lukas et Joyce photographièrent les grenouilles débusquées lors d'une pause en bordure de rivière. Juché sur Atlas, Jehan pointait les différents reliefs et dévoilait leurs noms. Il connaissait toutes les légendes du pays !

Quand ils atteignirent le sommet, ils s'étendirent tous les quatre sur le dos pour regarder la course des nuages. Ysée était à quelques centimètres de Jehan. Elle espéra très fort qu'il pose sa main sur la sienne. Mais le garçon n'esquissa pas le moindre geste.

Au retour, Ysée annonça à ses amis qu'elle passerait le reste de son temps libre à travailler. Jehan parut déçu. Mais, peu après, il proposa à d'autres élèves de se joindre à leur groupe pour aller en ville le samedi suivant.

Pour la millième fois, Ysée se dit que Jehan ne l'aimait pas, qu'il la considérait seulement comme une amie, qu'elle s'était bercée d'illusions. Comment un garçon aussi génial aurait-il pu s'intéresser à elle, une fille banale et trop sensible ?

Pourtant, quand elle lui dit au revoir, il lui chuchota à l'oreille :

« J'ai adoré cette promenade avec toi. »

Ysée regagna le château comme un automate. Elle ne savait plus quoi penser. Les mots de Jehan lui montraient combien il tenait à elle, mais ses actes disaient exactement l'inverse !

Tandis qu'elle traversait la cour, elle aperçut Jena descendre les marches du perron. Elle l'appela, dans l'espoir que Jena l'aide à comprendre quelque chose, mais son amie accéléra le pas et poursuivit son chemin, sans se retourner. Ysée renonça à la rattraper.

Ce soir-là, elle sombra dans le sommeil. Dès le lendemain, elle appliqua sa résolution : passer le reste de la semaine à travailler comme une forcenée pour récupérer son retard et rendre le dossier avant de partir à Londres. C'était le meilleur moyen pour chasser Jehan de son esprit.

Elle parvint à tenir le rythme la semaine durant. Chaque fin d'après-midi, après avoir fait ses devoirs, elle assistait aux leçons d'équitation supplémentaires organisées pour les participants au concours. Les consignes du professeur lui semblaient plus claires que celles de Jena. Elle avait même parfois l'impression de faire l'exact opposé de ce que son amie lui avait appris !

Ysée continua à travailler le week-end, sans même sortir pour saluer Jehan qui rejoignait les élèves du lycée se rendant au Coshobo. Le départ pour le concours était pour le vendredi suivant ; il valait mieux qu'elle prenne ses distances pour rester concentrée.

Lally s'émerveillait de voir progresser Ysée. Et, pourtant, elle s'inquiétait pour elle, trouvant qu'Ysée passait trop de temps à son bureau, sans même penser à rire ou à profiter de ses amis.

Après plusieurs tentatives, Lally parvint à s'isoler avec elle :

« Tu es sûre que ça va, Ysée ? Tu ne vas tout de même pas te rendre malade pour un concours ! »

Ysée haussa les épaules :

« Ça va, ne t'inquiète pas ! »

Les traits soucieux de Lally l'incitèrent à demander :

« Pourquoi ? J'ai l'air si épuisée ? »

Lally soupira :

« Je t'avais promis de mener l'enquête concernant Jehan.

– Et alors ?

– Alors, je n'ai pas eu besoin de creuser très loin. Tout le monde est au courant ! »

L'inquiétude fit palpiter le cœur d'Ysée :

« Tout le monde est au courant de quoi ? »

Lally baissa la tête :

« Il a une petite amie au lycée. Elle s'appelle Ellen, elle est norvégienne, et elle s'est cassé la jambe. Elle reviendra en janvier, à la fin de sa rééducation. Il paraît qu'il est ultra-amoureux d'elle. Romain m'a dit qu'ils continuaient à s'écrire de vraies lettres, à la main, avec des enveloppes et tout le tralala. Je suis désolée, Ysée. »

Sa petite amie ? Lally venait d'éclairer la situation d'un jour nouveau. Il n'était pas libre, mais, par ses remarques ambiguës, Jehan lui avait fait croire qu'elle comptait pour lui. L'avait-il manipulée ou avait-elle mal interprété ses propos ? Qu'importe, le résultat était le même : Jehan en aimait une autre.

Le visage d'Ysée se durcit ; elle respira lentement.

Le concours… plus rien d'autre ne devait compter que le concours !

33
Dénoncée

Ysée se leva sans bruit. C'était le premier lundi de décembre, quatre jours avant le départ à Londres. Toute cette semaine, elle assurait la corvée d'écurie. Elle aimait ce moment privilégié avec les chevaux, quand personne n'était encore debout. Chaque cheval recevait son témoignage d'affection : une caresse sur le chanfrein, une parole gentille, un coup de brosse pour démêler la crinière…

Pop Corn, toujours facétieux, profita qu'Ysée passât près de lui pour attraper le papier qui dépassait de sa poche. Elle s'exclama :

« Rends-moi ça, Pop Corn, c'est la lettre de ma mère ! »

Lorsqu'elle le tenta avec un morceau de pain dur posé sur sa paume, le cheval ne fit aucune difficulté pour procéder à l'échange. Ysée s'adossa au flanc de Pop Corn, et relit sa lettre, pour la dixième fois au moins. Celle-ci ne comportait qu'une poignée de mots, mais quels mots ! Sa mère se réjouissait qu'Ysée participe au concours, elle était heureuse pour elle. Ysée se prit à espérer qu'un jour, peut-être, sa mère accepterait son choix. C'était important car la jeune fille n'imaginait pas sa vie autrement qu'au milieu des chevaux.

Pop Corn fit un léger mouvement qui déséquilibra Ysée. La jeune cavalière le sermonna en riant. Elle enfouit le courrier dans sa poche. Il n'était plus temps de traîner !

Ysée prit son petit déjeuner en même temps que les retardataires, puis courut rejoindre Lally et Jena qui se dirigeaient vers les écuries :

« Ah, te voilà ! s'exclama Lally, la directrice te cherchait, tu dois passer la voir.

– Je n'ai pas le temps, j'irai pendant l'intercours. Elle t'a dit pourquoi ? »

Lally secoua la tête ; elle ne savait pas :

« Peut-être pour t'expliquer que travailler du matin au soir nuit gravement à la santé ? »

Ysée leva les yeux au ciel :

« T'exagères, ce n'est pas le bagne, non plus ! »

Sa contestation était plus formelle que sincère. Elle savait que Lally avait raison. Elle travaillait jusqu'à des heures tardives, se réveillait de plus en plus tôt. La fatigue accumulée risquait de lui jouer des tours lors du concours. Mais s'épuiser au travail était le seul moyen qu'elle avait trouvé pour ne plus penser à ses problèmes, pour étouffer la culpabilité d'avoir quitté sa mère, pour oublier l'attitude de Jehan. Heureusement qu'elle avait les chevaux !

Alors que le cours d'équitation débutait, Mme Stample vint interrompre le professeur :

« Je vous prie de m'excuser, M. Keating, autorisez-vous Ysée à s'absenter du cours ? »

C'était la première fois que la directrice se déplaçait pour venir chercher un élève en plein cours et Ysée imagina aussitôt le pire des scénarios. Sa mère avait-elle eu un accident ? Béa était-elle malade ?

« Attache Sehor devant le manège, lui dit M. Keating, un de tes camarades s'en occupera. »

Ysée suivit Mme Stample sous les regards curieux de tout le reste de la classe. Elles n'échangèrent pas un mot jusqu'au bureau :

« Asseyez-vous. »

Le ton de la directrice était ferme. Elle contourna le bureau, s'installa dans son fauteuil et glissa une feuille vers Ysée. La jeune fille se pencha pour voir de quoi il s'agissait :

« Voilà le certificat médical que vous nous avez fourni. Le médecin mentionné sur ce document n'existe pas. Le nom, l'adresse, tout est inventé. J'attends des explications. »

Malgré la sévérité des paroles de Mme Stample, un immense soulagement envahit Ysée qui ne put s'empêcher de sourire tandis qu'elle demandait :

« Alors, ma mère va bien ?

– Ne mêlez pas votre mère à cette histoire, je vous prie. Et abstenez-vous de sourire. Vous auriez tort de prendre ma question à la légère. Je vais convoquer un conseil de discipline, à moins que vous n'ayez une excellente raison pour justifier la présence de ce faux certificat dans votre dossier ? »

Glacée par les dernières paroles de la directrice, Ysée réfléchit un instant. L'explication était simple. Mais pouvait-elle tout dire de sa relation avec sa mère ? De sa tristesse de la voir partir loin d'elle ? De sa haine des chevaux ?

« Je n'ai aucune excuse. Je sais que j'ai eu tort. Mais, si vous voulez, je peux voir un médecin en ville le plus rapidement possible.

– Une visite est déjà prévue cet après-midi. Mais le problème dépasse cet aspect des choses. Établir un faux document est un acte grave, Ysée, interdit par la loi. Quelle confiance vous accordera-t-on à l'avenir, sachant que vous nous avez trompés ? »

Ysée baissa la tête :

« Je vous prie d'excuser cette bêtise. Je vous promets que ça ne se réitérera pas. Je me plierai à la punition que vous déciderez.

– Pourquoi avez-vous agi ainsi, Ysée, j'ai besoin de le savoir. »

Le ton de la directrice n'était plus le même. Ysée comprit qu'elle tentait de l'aider. Elle releva la tête, la regarda droit dans les yeux et dit :

« Je suis désolée, je ne peux pas l'expliquer. C'était une erreur. »

Son interlocutrice pinça ses lèvres en une moue consternée. Elle annonça :

« Votre participation au concours de Londres est annulée. »

Ysée accusa le coup. Elle ne s'attendait pas à autant de sévérité. Les larmes lui montèrent aux yeux, mais elle serra les poings pour s'empêcher de pleurer :

« La convocation au conseil de discipline vous arrivera par courrier. Une copie sera adressée à votre mère, conformément au règlement. Vous pouvez sortir. »

Ysée se leva tandis que les mots « conseil de discipline » résonnaient dans sa tête. Elle connaissait cette commission pour en avoir entendu parler dans son ancien collège, mais jamais elle n'y avait été confrontée.

Alors qu'Ysée ouvrait la porte, la directrice ajouta d'un ton glacial :

« Vous avez déjà enfreint les règles du lycée lors de la fuite de la jument Przewalski. Si vous continuez à dissimuler vos motivations, je crains que le conseil de discipline ne se montre impitoyable. »

Face au regard étonné d'Ysée, la directrice précisa :

« Vous risquez l'expulsion définitive du collège. »

Un coup de sabot n'aurait pas davantage sonné Ysée. La respiration hachée, elle courut jusqu'à l'écurie. Elle s'effondra dans un coin du paddock d'Anaïr et de sa pouliche, la tête sur les genoux, les bras serrés autour des jambes.

Sa gorge était nouée, comprimée par l'émotion. Ses yeux la brûlaient.

Anaïr s'approcha d'elle. Le souffle de ses naseaux caressa les cheveux d'Ysée. Alors, seulement, la jeune fille se mit à pleurer.

Debout devant la fenêtre de son bureau, Mme Stample regardait le parc, songeuse. Elle tenait d'une main la lettre anonyme qui dénonçait le faux certificat d'Ysée. Dans l'autre, elle serrait la lettre de motivation de Jena. Les deux écritures se ressemblaient beaucoup, suffisamment pour instiller le doute.

La directrice réfléchit. Il y avait quelques semaines de cela, un soir, Jena était venue lui signaler qu'Ysée était sortie seule de l'enceinte du lycée. Elle avait justifié sa démarche en prétextant être inquiète. Avait-elle menti ? S'agissait-il d'une tentative de porter préjudice à Ysée ?

Mme Stample grimaça. Elle n'aimait pas ce qui était en train de se passer.

34
Bus au départ

« À quoi tu penses, Ysée ? »

Le menton appuyé sur le manche de sa fourche, la jeune fille avait le regard dans le vague. La question de Blaise l'obligea à reprendre pied avec la réalité. Malgré le froid sec et piquant de ce vendredi matin de décembre, Lally et Blaise s'étaient levés tôt pour l'aider dans sa corvée d'écurie. Et ce n'était pas seulement parce que le départ des participants au concours était prévu pour ce jour-là.

Depuis l'annonce du conseil de discipline, les deux amis d'Ysée s'étaient révélés être de véritables anges gardiens, toujours prêts à lui remonter le moral. Ils lui apportaient des livres, du chocolat, essayaient de la faire rire en critiquant Londres, les chevaux et les compétitions, avec une terrible mauvaise foi.

Quand Léonard vit qu'ils ne lâchaient pas Ysée d'une semelle, il leur tapota le dos et se moqua d'eux :

« Pas encore, pas encore, mais ça ne saurait tarder…

– De quoi parlez-vous, Léonard ? avait demandé Lally.

– De vos ailes, mes petits anges ! Je suis certain qu'elles pousseront bientôt, juste sur les omoplates. »

Ysée planta sa fourche dans la paille du box de Redsky et jeta son chargement dans la brouette. Déséquilibré, l'engin bascula, et tout son contenu se répandit sur le sol. Blaise saisit l'occasion pour imiter la mine inspirée d'un psychanalyste en pleine réflexion :

« Humm… je dirais que tu exprimes par cet acte une légère contrariété ! Un problème avec la directrice ? À moins que ce ne soit Alyson et son chalet de conte de fées qui t'énervent. Tu lui garnirais bien ses bottes de fumier. Je me trompe ?

– Tu te trompes, répliqua Ysée. Je garnirais bien le fumier avec Alyson. »

Blaise éclata de rire. Depuis qu'Alyson montrait à tous les élèves de la classe les photos du chalet de Megève où elle passerait ses vacances de Noël, elle était devenue la cible privilégiée des plaisanteries de Blaise, Lally, Ysée et Joyce.

À son tour, Ysée sourit. Mais le cœur n'y était pas. Malgré tous les efforts de ses amis, ses idées noires revenaient toujours : le concours auquel elle ne pourrait pas participer, le risque d'exclusion qu'elle encourait, les dissimulations de Jehan, la probable déception de sa mère… Et puis surtout, combien y avait-il de chances que la directrice vérifie des certificats médicaux ? Ysée avait fini par se demander si on ne l'avait pas dénoncée ; il n'était pas possible que tout ça soit une simple question de malchance.

Mais a priori, les seules personnes au courant du subterfuge se limitaient à Blaise et aux trois filles qui partageaient sa chambre, quatre amis en qui elle avait toute confiance. Alors, qui la détestait au point de tout dire à la directrice ? La réponse s'imposait : Alyson. Depuis l'épisode de la valise, le jour de la rentrée, Alyson ne l'aimait pas et elle ne s'en cachait pas. Dès qu'elle en avait l'occasion, elle lui adressait des phrases assassines. Ysée fit part de ses doutes à Blaise :

« Alyson ? C'est vrai qu'elle est tout sauf sympa. Mais, bizarrement, je ne l'imagine pas dans ce rôle-là. Elle est trop fière pour ça, tu ne penses pas ? Et puis, quand tu as avoué ton histoire de certificat, elle n'était pas là.

– Si ce n'est pas Alyson, qui ça peut bien être ? »

Blaise secoua la tête :

« Ne te ronge pas avec ça, Ysée. Il ne s'agit probablement que d'un hasard, personne t'a dénoncée ! Et de toute façon, ça ne change rien. Ce qui compte, c'est ce qu'il faut faire maintenant : préparer ta défense. »

Ysée replongea sa fourche dans la paille. Blaise avait sûrement raison. Mais ses doutes l'obsédaient. Qui sait si Alyson n'avait pas écouté aux portes ?

Quand le bus pénétra dans la cour du château, Ysée avait disparu. La perspective du voyage, et surtout du concours, rendait les élèves impatients de se mettre en route. Lally se dirigea vers le paddock des Przewalski où elle savait que son amie aimait se réfugier. Elle ne s'était pas trompée :

« Allez, viens Ysée !

– Pas envie.

– Oh, arrête, faire l'autruche n'a jamais réglé les problèmes. Viens au moins pour souhaiter bonne chance à Jena ! »

Ysée agrippa l'anneau de métal fixé à la paroi pour se lever. Selon l'adage, son malheur avait fait le bonheur d'une autre. Comme l'avait annoncé M. Keating, Ysée et Jena se situaient en haut de la liste des recalés. En toute logique, une fois Ysée écartée, Jena s'était vu proposer la place. Ysée songea qu'après les semaines que son amie avait consacrées à son entraînement, elle méritait cette place, mais également des encouragements de sa part.

Lally et Ysée adressèrent de grands signes à Jena pendant que le bus s'éloignait, mais, malgré ses efforts, Ysée peinait à garder contenance. À peine le bus eut-il disparu qu'elle se dirigea presque en courant vers le château. Si elle s'était écoutée, elle aurait sellé le cheval le plus sauvage de l'écurie et aurait galopé jusqu'au sommet du mont de la Croix pour ne plus voir personne.

Blaise posa sa main sur le bras de Lally qui s'apprêtait à la suivre :

« Laisse-la tranquille, Lally. Parfois, il vaut mieux être un peu seul. »

Romain, cruellement déçu lui aussi, jeta un œil au pansement qui entourait son doigt. Il approuva la remarque de Blaise d'un hochement de tête. Il se tourna vers Lally, et, pour la première fois, s'adressa directement à elle :

« Si seulement je t'avais écoutée le jour où je me suis coupé… »

Puis il s'éloigna à grands pas.

Depuis le bus, Jena aperçut Ysée qui marchait vers le château. Une moue désolée assombrit son visage. Savoir combien Ysée souffrait de la situation l'attristait. Elle repensa à tous ces concours qu'elle avait préparés au fil des années. Les mots que son père n'avait jamais cessé de lui répéter résonnèrent en elle : « Qu'importent les moyens, l'essentiel c'est de gagner ».

Jena tenta de se rassurer. Elle n'avait rien fait de mal. L'amitié n'avait rien à voir dans tout ça. Dénoncer Ysée était juste un moyen de lui ouvrir la porte du concours. C'était le jeu de la compétition. Ysée finirait par en apprendre les règles, elle aussi.

La convocation au conseil de discipline arriva au courrier de l'après-midi. Une lettre recommandée, dont Ysée signa l'accusé de réception. Cela semblait tellement ridicule d'envoyer un courrier alors que l'expéditeur et le destinataire résidaient au même endroit ! Le formalisme lui glaça le sang, au moins autant que le contenu administratif de la lettre. Le conseil se réunirait le mercredi après-midi suivant. Ysée était invitée à se faire assister par un conseiller qui saurait défendre ses intérêts :

« Ton conseiller, affirma Lally, tu l'as devant toi. Je vais être la meilleure conseillère de tous les temps. »

Ysée haussa les épaules :

« Merci, Lally, mais la meilleure des conseillères ne pourra pas m'aider. J'ai fait une bourde, une énorme bourde, j'ai été plus stupide que le plus idiot des poneys, voilà la réalité.

– Stop ! intima Blaise. Fini le défaitisme. Crois-en ma longue expérience des conseils de discipline. Je n'ai pas été délégué dans mon collège pendant quatre ans pour rien. Demain, Lally, toi et moi, on va bosser, trouver les arguments, les répéter, encore et encore, jusqu'à être parfaitement au point. Rien n'est perdu, Ysée. T'es une battante ou quoi ?

– Oui, oui, répliqua Ysée sans conviction.

– Je ne t'entends pas ! cria Blaise, tu es une battante ou quoi ?

– Bien sûr que je suis une battante ! »

Ysée sentit la conviction que dégageait Blaise l'envahir. Elle avait déjà traversé des épreuves, sans jamais baisser les bras. Bien sûr qu'elle était une battante, bien sûr qu'elle se battrait sans rien lâcher :

« Je vais me battre. Ce serait trop bête de partir d'ici alors que j'y ai enfin trouvé une place au milieu des meilleurs amis du monde. »

Elle posa ses mains sur les épaules de Lally et de Blaise. Elle était déterminée :

« Les membres du conseil de discipline n'ont qu'à bien se tenir, je vais les convaincre, ainsi que la directrice, les professeurs, et le monde entier, s'il le faut ! »

Blaise éclata de rire :

« Eh bien ça y est, tu laisses enfin sortir tes émotions, Ysée ! T'as raison de montrer les griffes. On va réussir ! »

35

Dire sans le dire

En ce premier samedi de décebre, le vent glacé qui sifflait sur la lande apportait le parfum des futures neiges. Bien au chaud dans la salle informatique, Blaise, Lally et Ysée se tenaient assis devant un écran. Ils tentaient d'affûter leurs arguments pour défendre Ysée, mais se heurtaient toujours à l'intransigeance de leur amie :

« Tu n'es pas obligée de rentrer dans les détails. Tu expliques que tu voulais protéger ta mère d'un naturel anxieux. C'est tout. Pas la peine d'aller plus loin, lui dit Blaise.

– C'est déjà trop, rétorqua Ysée. Tu sais qu'il y aura un dossier classé quelque part ? Tu crois que ma mère aurait envie que sa vie personnelle soit stockée au fond d'un tiroir, prête à ressurgir n'importe quand ? »

Blaise soupira. Il avait vraiment envie d'aider son amie, mais ignorait comment s'y prendre.

Derrière lui, Romain discutait par Skype avec ceux de Londres. Surexcités, les élèves racontaient :

« Le voyage ? C'était trèèèès long, mais les chevaux récupèrent bien. M. Keating les a mis au repos pour la journée, histoire de mettre toutes les chances de notre côté pour les épreuves de dimanche.

– Et lundi, qu'est-ce qui est prévu ?

– Ça va être génial ! Ils ont organisé des ateliers interécoles, autour de plein de thématiques différentes. On se retrouvera avec des élèves de tous les pays. Tu imagines ? On a déjà prévu de se faire des potes parmi les Espagnols… Comme ça, ils nous inviteront, et à nous les vacances au soleil !

– En attendant, c'est plutôt la neige qui vous attend ! répliqua Romain. Elle est prévue pour mercredi. Vous rentrez mardi soir, c'est ça ? »

Ysée soupira. Il neigerait le jour de son conseil de discipline. Elle risquait d'être renvoyée sans même avoir eu le temps de monter au loch d'en haut pour admirer le paysage enneigé. Penser à cette journée lui donnait l'envie de se pelotonner sous sa couette et de tout oublier. Romain souhaita une bonne journée aux élèves du concours, coupa la connexion et approcha sa chaise d'Ysée :

« Ne t'inquiète pas, Ysée ! Je sais bien que c'est plus facile à dire qu'à faire, mais essaie de ne plus y penser. Ça ne changera rien. »

Et prenant soin d'éviter le regard de Lally, le garçon continua :

« Qu'est-ce que tu dirais d'une balade jusqu'au mont de la Croix ? »

Ysée jeta un œil vers la fenêtre : il pleuvait à verse. Romain sourit :

« Bon d'accord, pas aujourd'hui. Mais pourquoi pas demain ?

– Et le Coshobo ? interrogea Blaise.

– On pourra aller en ville une autre fois. Monter jusqu'à la croix et pique-niquer au bord du loch d'en haut, ça requinquerait une momie.

– Merci, Romain, ça me tente bien, accepta Ysée. Après tout, ce sera peut-être ma dernière fois… »

Lally posa la main sur l'épaule d'Ysée. Elle appréciait l'effort de Romain pour venir en aide à son amie. La perspective de cette balade pendant laquelle Romain ne lui porterait aucune attention ne lui plaisait pas. Mais Ysée avait besoin d'être entourée et Lally, généreuse, ne voulait pas penser qu'à ses histoires de cœur. Elle intervint :

« Ne crois pas qu'on va te laisser y aller seule, Ysée. Je viens. Joyce aussi, je pense. Et mon petit doigt me dit que Lukas sera là également. Et toi, Blaise ?

– Pas question de rater ça ! Je m'occupe des chips. »

La porte de la salle informatique s'ouvrit ; Alyson passa la tête par l'entrebâillement :

« Tu viens, Romain ? J'ai des nouvelles photos du chalet de Noël à te montrer. Il y a un jacuzzi de dix places sur la terrasse !

– Je ne peux pas tout de suite, répondit Romain. Mais entre deux minutes, on organise une rando au mont de la Croix pour demain. Ça te dit de venir ? »

Ysée ne voulait surtout pas partager sa randonnée avec la fille qu'elle soupçonnait de l'avoir dénoncée !

La proposition eut le même effet sur Alyson. Elle jeta un regard dehors et grimaça :

« Romain, tu as vu le temps ? Il n'arrête pas de pleuvoir ! De plus, on avait prévu d'aller ensemble au Coshobo !

– Je sais bien, regretta-t-il avec une moue désolée, mais nécessité fait loi.

– Nécessité ? Quelle nécessité ? Depuis quand tu as besoin d'aller te balader dans le froid sur un terrain gorgé d'eau en laissant tomber tes amis ? C'est pour les beaux yeux de Blaise ? »

Blaise, tourné vers Alyson, battit comiquement des paupières :

« Écoute, Alyson, répondit Romain d'un ton sévère qui surprit Lally, Ysée passe en conseil dans quatre jours ! J'ai envie qu'elle se change les idées un petit moment. J'aurais fait la même chose pour ma petite sœur.

– Ysée est donc comme ta petite sœur… Et moi, je suis qui, alors ? »

Un petit coup de menton provocateur accompagna la question d'Alyson. Romain lui sourit :

« Toi, tu es plutôt comme une grande sœur ! Tu me dis "fais ci", "fais ça", tu me balances des remontrances à tour de bras, bref, tu me protèges ! »

Alyson secoua la tête en levant les yeux au ciel, mais elle souriait. La réponse de Romain ne lui déplaisait pas tant que ça :

« Et Mme Stample, c'est ta tante ? M. Keating, ton oncle grincheux ? Blaise, c'est ton cousin de la campagne ? »

Romain éclata de rire.

Lally écoutait la discussion, résignée. Tout le monde semblait avoir sa place auprès de Romain. Tout le monde… sauf elle ! Soudain, Alyson la désigna du doigt en demandant :

« Et elle, c'est qui alors ? Ta cousine des States ? »

Pour une fois, Lally fut contente du ton provocateur d'Alyson. Enfin elle saurait ce que Romain ressentait vraiment.

Le garçon hésita, rougit et finit par marmonner en regardant ailleurs :

« Non, ce n'est pas ma cousine. Ce n'est pas non plus une sœur. Loin de là. »

Se méprenant sur la réaction de Romain, la jeune fille s'insurgea :

« C'est ça, moi, je ne suis rien, je ne vaux même pas la peine de faire partie de la famille. Je suis la fille transparente qu'on ne remarque pas !

– Ce n'est pas ce que j'ai dit ! Au contraire, tu es bien plus que ça ! »

Romain se tut soudain, gêné et écrasé par sa timidité. Lally retenait son souffle. Les autres se tenaient sur le qui-vive, conscients que quelque chose était en train de se jouer devant eux.

Romain sut que, s'il ne parlait pas maintenant, Lally partirait, vexée, et que lui n'aurait jamais le courage d'aller la chercher pour tout lui expliquer :

« C'est vrai, Lally. Tu es bien plus que ça.

– Bien plus que ça ? Vraiment ? Alors pourquoi tu t'enfuis dès que je t'approche ?

– C'est juste que je suis timide, c'est tout.

– Pourtant, tu n'as aucun mal à parler aux autres !

– Je me sens à l'aise avec les filles comme Alyson, qui ressemblent à mes trois sœurs. Mais avec toi, je suis maladroit parce que j'ai peur de mal faire. Alors, je fuis.

– Mais tu as peur de quoi ? »

Romain haussa les épaules, les yeux rivés vers le sol :

« J'ai peur de tout gâcher, avant même que quoi que ce soit n'ait commencé. »

Et, sur ces derniers mots, Romain sortit de la pièce avec précipitation en prétextant aller demander au cuisinier de leur préparer un pique-nique pour leur randonnée.

Alyson le suivit. Elle précisa :

« Bien évidemment, je ne viendrai pas demain. Libre à vous de crapahuter dans la boue ! Je préfère réserver mes forces pour mes deux semaines de ski à Megève. »

Ysée resta silencieuse, concentrée sur les soupçons qu'elle avait à l'encontre d'Alyson. Lally était stupéfaite. Les mots de Romain avaient semé en elle un fragile espoir. « Tu es bien plus que ça », avait-il dit. Et comment avait-elle réagi ? En se mettant en colère ! Mieux valait ne pas trop y penser, elle s'en voudrait bien assez tôt !

Blaise imita la voix nasillarde des annonces passées au micro dans les grandes surfaces :

« Les petites Lally et Ysée se sont perdues dans le monde obscur de leurs pensées. Merci de bien vouloir les ramener à l'état de conscience. »

L'Américaine le menaça de son index :

« Tu vas voir si je ne suis pas consciente ! Et je te préviens, je ne tolérerai aucune remarque sur ce qui s'est passé, compris ?

– Compris ! » rétorqua Blaise.

Lally hocha la tête. Blaise ajouta aussitôt :

« Après tout, que Romain soit amoureux de toi ne concerne que vous. »

Lally fronça les sourcils. Blaise poursuivit :

« Et que tu accueilles sa timide déclaration à la manière d'un pitbull enragé ne regarde que toi. »

Le cri de rage de son amie incita le plaisantin à opérer un repli stratégique. Il quitta la salle informatique sous les insultes de Lally.

36
La randonnée

Ysée caressait l'encolure de Redsky tandis qu'elle longeait les écuries pour rejoindre la grille du lycée. Dehors, ses amis l'attendaient. Elle ignorait qui avait eu l'idée de lui laisser la jument la plus sympa parmi toutes les montures, mais elle appréciait le geste. Avec le stress et l'inquiétude qui empoisonnaient ses pensées, nul doute qu'elle aurait peiné à manier n'importe quel autre cheval !

Son sourire reconnaissant s'effaça dès qu'elle aperçut le groupe. Jehan était là, monté sur Atlas. Que faire ? Repartir avant d'être vue et renoncer à cette promenade ? Elle n'allait quand même pas chevaucher à côté d'un garçon qui lui pouvait lui dire : « J'ai adoré cette journée avec toi » alors même qu'il avait une petite amie ! Mais Lally remarqua sa présence et lui lança :

« Dépêche-toi, Ysée ! Autant en profiter avant le retour de la pluie ! »

D'un petit coup de talon, Ysée rejoignit le groupe au trot. L'envie de parcourir le paysage d'Écosse s'avéra bien plus forte et elle se raisonna : il lui suffisait de se convaincre que Jehan n'était qu'un copain comme les autres.

Romain prit la tête de la colonne, suivi de Joyce, Lukas, Jehan et Lally. Blaise et Ysée cheminaient en arrière. En posant ses yeux sur le dos de Jehan, Ysée se sentit troublée. Sa bonne résolution s'annonçait difficile à tenir.

La terre trempée de pluie se prêtait à l'allure tranquille des chevaux. Blaise appela Jehan :

« Viens voir, faut qu'Ysée te dise quelque chose. »

La panique traversa Ysée quelques secondes. Blaise avait-il percé au jour les sentiments qu'elle avait pour Jehan ? Il était hors de question qu'elle en parle ! Furieuse, elle fusilla son ami du regard. Il se justifia :

« Il vaut mieux qu'il sache, pour mercredi… »

Blaise n'avait à l'esprit que le conseil de discipline ! Ysée se sentit soulagée, avant de se remettre en mémoire l'épreuve qui l'attendait trois jours plus tard. Jehan lui adressa un regard interrogatif. Ysée laissa Blaise tout lui raconter.

Après les explications du garçon, Jehan secoua la tête, comme s'il refusait de croire cette nouvelle :

« C'est tellement injuste, Ysée ! Je viendrai mercredi, en début d'après-midi, pour te voir. »

Ysée le remercia. Au fond d'elle-même, elle se réjouissait de la réaction de Jehan. Mais, en même temps, elle s'en voulait d'y être aussi sensible. Il en aimait une autre ; il fallait qu'elle s'y fasse :

« Je n'ai pas besoin d'être consolée, tu sais.

– Tu en auras d'autant moins besoin qu'ils ne vont pas te virer. On n'expulse pas une fille aussi géniale que toi.

– Je n'en suis pas aussi sûre. Et puis, tu devrais peut-être rester chez toi. Ils annoncent de la neige pour mercredi.

– Je serai là, neige ou pas neige, je te le promets », lui assura Jehan.

Il tapota l'encolure de sa monture et ajouta d'un ton plus léger :

« Pas vrai, Atlas ? »

À flanc de colline, le chemin qui menait au loch d'en haut avait été raviné par la pluie. Les cailloux accumulés glissaient sous les sabots des chevaux. Les randonneurs décidèrent de mettre pied à terre. La petite colonne marcha une bonne heure, concentrée sur les reliefs du sentier, le long du ruisseau qui descendait du loch d'en haut vers celui du bas. Malgré l'air humide et froid, les coupe-vent et les pulls tombèrent les uns après les autres. L'effort donnait chaud.

Ysée gardait un rythme constant, une main serrée sur les rênes de Redsky, l'autre glissée sur la bretelle de son sac à dos. Lorsqu'elle déboucha sur le sommet de la colline, un timide rayon de soleil fit son apparition. Elle s'arrêta, le souffle coupé par le panorama.

À ces pieds, au fond d'une petite vallée, se nichait un lac dont la couleur turquoise était rehaussée par les plaines vertes qui l'entouraient. Çà et là, des moutons noirs à têtes blanches arrachaient des touffes d'herbes fraîches. Ysée sourit. Tout semblait si paisible !

Les amis installèrent leur pique-nique au bord du loch d'en haut. Assis à côté de Lally, Romain s'assurait qu'elle ne manquait de rien. Tous les prétextes étaient bons pour lui marquer son intérêt. Et même s'il gardait les yeux obstinément fixés vers le sol, le visage de Lally s'éclairait à chacun de ces gestes.

De l'autre côté du cercle, Ysée se réjouissait de voir son amie si joyeuse. Puis elle songea à Alyson. Elle avait peut-être réussi à la faire passer en conseil de discipline, mais il y aurait une chose qu'elle ne réussirait pas à obtenir : l'attention exclusive de Romain. Ce constat mit du baume au cœur d'Ysée. Ce serait une juste contrariété, à même de gâcher un peu ses vacances de Noël à Megève.

La journée s'acheva par un détour vers le loch d'en bas. Blaise lança un défi que tous relevèrent. Ysée n'aurait jamais imaginé que plonger ses orteils dans l'eau glacée lui ferait un tel effet ! La morsure du froid n'avait rien d'une légende, elle pouvait désormais l'attester.

Alors qu'ils regagnaient le lycée, Romain et Lally traînant en arrière, un hennissement retentit au sommet de la colline qu'ils venaient de dévaler. Jehan s'exclama :

« On dirait bien que Ghorse veut nous saluer ! »

La tristesse envahit le cœur d'Ysée. Le cheval fantôme lui adressait-il un dernier au revoir ? Elle se remémora la randonnée. Elle voulait n'en oublier aucun instant, aucune minute.

Ysée sentit une larme glisser le long de ses joues, mais elle se morigéna intérieurement : quelle idiote ! Voilà qu'elle était nostalgique avant même d'être renvoyée !

Jehan s'approcha d'elle :

« Mais tu pleures ?

– Non, non, c'est le vent. »

Il prit le chemin de la maison du vieux McLagor en adressant de grands signes d'adieu à ceux qui rentraient au lycée avant de crier :

« À mercredi ! Compte sur moi, Ysée ! »

Redsky dressa ses oreilles vers la lande. À peine discernable, un nouveau hennissement était parvenu à ses oreilles. Ysée sourit au travers de ses larmes. Ghorse hantait ce lieu d'une bien belle manière !

37
Le conseil

Le jour n'était pas encore levé que, déjà, les flocons de neige envahissaient le ciel. Ysée s'était réveillée très tôt, incapable de dormir davantage. La perspective du conseil de discipline lui coupait aussi l'appétit. À sa sortie du réfectoire, son plateau de petit déjeuner était presque intact.

Elle partit mettre ses bottes, puis se glissa dehors. La tête renversée en arrière, elle laissa la neige tomber dans sa bouche. Sa mère lui avait montré comment faire, un soir d'hiver. Elle adorait ces brèves sensations de froid sur sa langue, juste avant que les flocons ne fondent.

Anaïr l'accueillit en levant la tête avant de replonger ses naseaux vers la paille du paddock sans la quitter des yeux. La pouliche n'avait pas les mêmes appréhensions. Elle gambada droit vers Ysée. Un appel de sa mère la rappela aussitôt à l'ordre.

La petite s'immobilisa, mais ne renonça pas à s'approcher. Elle reprit sa prudente progression. Dès qu'elle fut assez près de la barrière, Ysée la récompensa d'un morceau de pomme.

Une voix grave retentit derrière la jeune fille :

« Bonjour Ysée ! Tu as vu ce froid ? Mets vite ça sur ta tête ! »

Léonard se tenait là, sans qu'Ysée ne l'ait entendu arriver. Il lui tendait un bonnet tricoté à la main.

La jeune fille se pencha, secoua ses cheveux pour en ôter les flocons de neige, et enfila le bonnet :

« Merci, Léonard ! Entre les chaussettes et le bonnet, on dirait bien que vous êtes mon ange gardien ! Je vous regretterai après mon départ.

– Ton départ ? grommela le palefrenier, je ne te croyais pas si défaitiste, Ysée. Le conseil ce n'est pas avant cet après-midi. D'ici là, tout peut arriver.

– Comme quoi ?

– Je ne sais pas. Hier, j'ai mis des noix sur le rocher du petit peuple. Ce matin, elles n'y étaient plus. Avec eux, on ne sait jamais. Ils pourraient décider de t'aider. »

Ysée hocha la tête. Elle aimait les légendes de Léonard, mais elle n'était pas dupe. Les probabilités de son renvoi avoisinaient les 100 %. Aucune magie n'y changerait rien.

Coude à coude, le vieil homme et la jeune fille observèrent en silence la Przewalski et sa pouliche. Après quelques minutes, Léonard bougonna :

« Pas étonnant qu'Anaïr soit en confiance en ta présence !

– En confiance ? Elle s'approche à peine !

– Peut-être, mais dès que quelqu'un d'autre s'accoude à la barrière, elle se réfugie avec la petite dans la partie abritée du paddock. Il se passe quelque chose entre elle et toi. Je crois que, si tu étais née cheval, tu lui aurais ressemblé. Beaucoup. »

Ysée haussa un sourcil dubitatif. Elle ? Ressemblant à une jument sauvage ?

« Tu ferais bien d'aller réserver ta monture pour ton cours d'équitation, si tu es la première, tu auras un choix de reine », lui dit Léonard.

En l'absence de M. Keating, les cours d'équitation étaient dispensés par Mme Polsh. Voltes et demi-voltes se succédèrent sans répit. À l'issue de la reprise, aucun élève n'aurait été capable de reconstituer de mémoire l'enchaînement des figures de l'entraînement. Le bus devait rentrer de Londres en fin de matinée. Tous les élèves étaient à l'affût d'un bruit de moteur. Ysée gardait elle aussi l'oreille en alerte. Mais le bruit qu'elle espérait entendre était tout autre. Alors même qu'elle croyait avoir réussi à chasser Jehan de ses pensées, elle attendait avec impatience le martèlement des sabots d'Atlas dans la cour.

Le repas s'acheva sans aucune nouvelle. L'horloge indiquait 13 h 35.

À 13 h 55, le bus franchit la grille sous la neige, aussitôt assailli par les élèves de secondes et les six blessés de première et terminale. Ils avaient hâte d'écouter le récit des participants au concours. Au milieu de l'attroupement, Ysée vit Romain attraper la main de Lally pour l'aider à atteindre l'entrée du bus et accueillir dignement Jena. Ysée se dit que, au moins, elle ne manquerait pas trop à son amie. Les deux amoureux pourraient compter l'un sur l'autre pour se consoler de son départ.

Cinq minutes plus tard, la porte du bus s'ouvrit pour laisser place aux élèves portant en triomphe la terminale qui avait remporté une coupe d'argent ! Une joyeuse solidarité régnait parmi les élèves. Les flocons faisaient office de confettis. Seule Jena affichait une mine déçue : partie pour décrocher un trophée, elle revenait les mains vides.

À 14 h 10, Ysée traversa la cohue des porteurs de valise pour rejoindre la grille. Elle croisa Jena qui, le regard rivé au sol, ne leva pas la tête pour la saluer. La neige continuait à tomber dru. Elle recouvrait la terre d'une vingtaine de centimètres. La jeune fille scruta la lande blanche. Jehan serait obligé de rester pour la nuit au lycée. Avec ce temps, personnc ne le laisserait repartir chez lui. L'idée que Jehan ait renoncé à son projet de venir l'effleura un instant. Pour en avoir le cœur net, elle retourna dans la cour, à la recherche de Blaise.

« Tu me le prêtes, s'il te plaît ? »

La requête d'Ysée contraria Blaise :

« Tu crois vraiment que c'est une bonne idée de téléphoner trois quarts d'heure avant de passer en conseil de discipline ? Si quelqu'un te surprend, le jury aura une raison de plus de ne pas être tendre.

– Cinq minutes, pas plus. Et je resterai bien cachée. »

Blaise lui tendit l'appareil pirate discrètement. Ysée courut vers le paddock d'Anaïr. Ici, elle serait tranquille. La jument donnerait l'alerte à l'arrivée d'un intrus.

Le téléphone affichait 14 h 30 quand elle composa le numéro de Jehan. Après trois sonneries, la messagerie se déclencha. Ysée interrompit l'appel et vit qu'il y avait un message, reçu deux heures auparavant. Elle l'écouta. C'était la voix de Jehan :

« Salut Blaise ! Je file. Je serai là une demi-heure avant le conseil. Entourez bien Ysée, ce n'est pas le moment de flancher. À plus ! »

Le vent, jusque-là assez léger, se renforça à grands coups de bourrasques, écrasant de lourds paquets de neige contre le moindre obstacle. Ysée se mordit la lèvre. Il ne ferait pas bon se tenir droit sur un cheval au milieu de ces tourbillons blancs.

De retour à l'entrée du parc un quart d'heure après, Ysée plaça sa main en visière, mais aucune silhouette ne se détachait à l'horizon. Elle plongea sa main dans sa poche. La pierre offerte par Jehan était là. Elle la prit dans sa paume. Privée de soleil, sa surface se couvrait de reflets bleutés. Glacés.

Sa montre affichait 14 h 55, et toujours rien… Ysée n'avait plus d'autre choix que de quitter son poste d'observation. Le conseil avait lieu dans cinq minutes et le jury ne tolérerait aucun retard. Elle jeta un dernier regard avant de se résigner. Cette fois, c'était sûr, Jehan ne viendrait pas. Il avait probablement fait demi-tour, malgré sa promesse. Ysée se répéta en silence que son absence n'avait pas d'importance. Après tout, il n'était qu'un ami, comme Blaise ou Romain ! Mais ses tentatives de se raisonner se heurtaient à une sensation désagréable qui écrasait ses poumons : une sensation de danger, et d'urgence.

Elle courut jusqu'au bâtiment, monta les marches du perron, envoya valser ses bottes dans le hall, enfila ses chaussures à la hâte et s'engouffra dans le couloir qui menait à l'administration. Blaise et Lally poussèrent un soupir de soulagement lorsqu'elle les rejoignit dans le petit hall. La porte du bureau de Mme Stample était fermée. Juste à côté, celle de la salle de réunion l'était également. Lally chuchota :

« Ils sont déjà tous entrés dans la salle du conseil. Ça va, toi ? »

Ysée approuva d'un hochement de tête. Mais sa gorge serrée prouvait l'inverse. Non, ça n'allait pas ! La jeune fille appréhendait à peine le conseil imminent tant elle était obnubilée par le retard de Jehan. Elle ne pouvait s'empêcher d'imaginer le pire. Avec la neige qui virait à la tempête, la moindre chute risquait de se transformer en catastrophe ! Elle se tourna pour dissimuler son trouble. Là, devant elle, le regard triomphant de l'homme au cheval la narguait. Il avait beau n'être qu'un personnage peint sur une toile, elle sentait son mépris détruire les dernières traces de confiance en elle.

38
L'appel

Le bruit de la porte fit sursauter Ysée. La directrice sortit de la salle de réunion accompagnée d'Alyson. Les trois amis, stupéfaits, regardèrent la jeune fille à la mine hautaine s'éloigner dans le couloir. Blaise murmura :

« Alors tu avais raison, Ysée, c'est Alyson qui est allée tout raconter ! »

La directrice intervint :

« Vous êtes prête, Ysée ? Vous pouvez être assistée d'une personne, si vous le souhaitez. »

Lally se leva. Blaise et Ysée avaient convenu qu'elle était la plus à l'aise à l'oral et donc la plus à même d'aider leur amie. Ysée s'arrêta sur le pas de la porte. Les mains crispées et les mâchoires serrées, elle supplia la directrice du regard :

« Juste avant de commencer, je voulais vous dire… »

Mme Stample l'encouragea à poursuivre d'un mouvement de tête :

« Je suis très inquiète. Jehan, le neveu de M. McLagor, avait promis de venir aujourd'hui. Et il n'est toujours pas là. »

Un sourire précéda la réponse de Mme Stample :

« Même à une minute du conseil, vous vous faites du souci pour quelqu'un d'autre ? Allons, Ysée, vous avez vu la neige qui tombe dehors ? Jehan n'est pas idiot ! Selon toute vraisemblance, il a tout simplement renoncé à son projet. Je vous propose de l'appeler depuis mon bureau dès la fin du conseil. Ainsi, vous serez rassurée.

– Merci, mais… »

Ysée s'interrompit juste à temps. Mme Stample ignorait l'existence du téléphone pirate de Blaise. Lui révéler qu'elle avait déjà tenté de joindre Jehan revenait à dénoncer son ami. Elle se tut, résolue à ne pas trahir le secret.

La directrice ouvrit la porte, et s'effaça pour laisser entrer Ysée et Lally. La pièce était grande, munie de nombreuses et larges fenêtres donnant vers l'arrière du château. À la vue des membres du conseil de discipline, le cœur d'Ysée s'emballa.

Ils étaient six, en plus de la directrice. Elle reconnut deux de ses professeurs, deux autres qu'elle avait déjà eu l'occasion de croiser dans les couloirs, le chef cuisinier, et Karvina. Derrière sa barbe rousse, le professeur de sciences esquissa un sourire d'encouragement à son intention. Ysée sentit Lally la pousser vers les deux chaises qui faisaient face au conseil. Elles s'assirent en silence.

L'impression d'écrasement qu'Ysée avait ressentie dès ses premiers pas dans la pièce ne fit qu'augmenter. La directrice présenta chacune des personnes présentes. Elle enchaîna ensuite par la lecture du dossier disciplinaire d'Ysée à haute voix. Le déroulement très protocolaire de la séance lui faisait presque oublier qu'elle connaissait chacun des membres du jury, comme si elle tenait le premier rôle d'un film dont elle ignorait tout du scénario. Seule la vue de la lande blanchie par la neige la ramenait à la réalité. Elle était accusée d'avoir enfreint le règlement, et ça, ce n'était pas du cinéma.

La voix monocorde de Mme Stample continuait à détailler les circonstances qui avaient mené Ysée jusqu'ici. Un instant, la jeune fille perdit le fil, l'oreille tendue vers un hennissement qu'elle avait cru entendre au loin, derrière les fenêtres. La neige bombardait les vitres, menaçante. Elle sursauta quand Lally prit la parole :

« C'est vrai qu'Ysée est sortie seule dans la lande, mais c'était pour sauver une jument en détresse. Et je dois rectifier : le jour de la rentrée, ce n'est pas elle qui a appelé Tidoy à ses pieds. J'adore les chiens, vous le savez bien, Mme Stample. Je l'avoue, c'est moi qui ai lancé un pari idiot et qui l'ai attiré jusqu'à nous.

– Heureuse de l'apprendre, rétorqua Mme Stample sur un ton glacé. Mais ce dernier point n'a pas beaucoup d'importance.

L'affaire qui nous occupe aujourd'hui est la création et l'utilisation d'un faux document inséré dans le dossier d'inscription. »

Karvina interrogea Ysée :

« Pourrais-tu nous expliquer pourquoi tu as fait ça ? »

Ysée secoua la tête. Non, elle ne pouvait pas. Lally lui lança un coup de coude. Lors des répétitions, qu'elles avaient enchaînées, Ysée avouait tout puis s'excusait aussitôt, prétextant qu'elle n'avait pas mesuré la gravité des faits, avant de solliciter l'indulgence du jury. Quant à Lally, elle énumérait les efforts consentis par Ysée pour venir ici, et décrivait les affres terribles dans lesquelles Ysée se trouverait plongée si elle était renvoyée.

Mais, confrontés à la réalité, dans cette salle à la lumière blafarde, les arguments paraissaient soudain vides de sens à Ysée. Le jury attendait une explication qu'elle refusait de donner. Elle resta silencieuse, laissant Lally tenter de rattraper la situation. Mais cette dernière s'empêtra dans son discours. Elle finit par se taire à son tour, désolée par ce fiasco.

La directrice reprit :

« Je cède la parole au deuxième défenseur d'Ysée, Mme Élisabeth Brumedor. »

Et elle se dirigea vers la porte de son bureau pour faire entrer la mère d'Ysée :

« Maman ? » s'étonna Ysée.

La jeune fille se leva de sa chaise. Sa mère n'avait jamais été une adepte des grandes démonstrations d'affection, surtout en public. Pourtant, elle saisit les mains d'Ysée dans les siennes et, sans porter aucune attention à ceux qui les observaient, lui dit :

« Tu ne croyais quand même pas que j'allais te laisser toute seule ? Dès que j'ai reçu la copie de la convocation, j'ai pris l'avion.

– Et ton travail ? Et le prix du billet ? Et toi, comment…

– Chut, l'interrompit Élisabeth, on parlera après. »

Elle se tourna vers les membres du conseil :

« Mesdames, messieurs, je vais vous expliquer la raison qui a poussé ma fille à établir et à signer un faux certificat médical. »

Sidérée, Ysée écarquilla les yeux tandis qu'elle écoutait sa mère. Jamais elle n'aurait pu imaginer la voir ici, sûre d'elle et prenant sa défense.

Ravie, Lally obligea Ysée à se rasseoir. Enfin, les choses tournaient en faveur d'Ysée !

« Pour s'inscrire dans votre établissement, Ysée a complété un dossier, depuis le numéro de téléphone de la personne à joindre en cas de problème jusqu'aux références du contrat d'assurance en responsabilité civile. Il ne manquait que ma signature. Elle l'a posée sur la table de la cuisine, bien en évidence. Mais je n'ai pas signé. »

Durant un instant, la mère d'Ysée resta silencieuse, plongée dans ses pensées. Elle reprit :

« Il était difficile pour moi de signer ce dossier. D'abord parce que cela signifiait le départ de ma fille. Ensuite parce que j'avais peur de sa passion pour le cheval, dont je sais – par expérience

– combien elle peut être exclusive. Il m'a fallu dix jours pour m'y résigner. Dix jours pendant lesquels Ysée s'est sentie coupable. Quand elle a su qu'il fallait également un certificat médical, elle a décidé de ne pas me faire souffrir davantage et a fait ce qu'elle croyait être le mieux pour moi. Je suis donc en grande partie responsable de son erreur. Voilà pourquoi elle refusait de se justifier. »

Elle se tourna vers Ysée :

« J'ai compris beaucoup de choses ces dernières semaines, Ysée. Je suis fière de toi. »

La jeune fille était si heureuse de voir combien sa mère avait évolué qu'elle en oublia un instant la sanction qu'elle risquait.

Mme Stample toussota pour attirer l'attention sur la suite du conseil.

Émue, Ysée l'écouta parler pour synthétiser la défense de son dossier. Mais alors que les choses semblaient s'arranger pour elle, une vague d'angoisse monta peu à peu. Elle avait le sentiment d'un manque, d'un appel.

Le jury s'amadouait, Lally souriait, sa mère ne la quittait pas des yeux, mais un sentiment d'urgence l'oppressait. Elle entendit un hennissement au loin, dans la lande.

Alors, elle comprit. Jehan avait besoin d'aide.

Elle se leva et elle expliqua à la directrice, qui la sommait de se rasseoir, que Jehan était en danger :

« Ghorse a henni, il nous appelle ! Je dois partir.

– Allons, Ysée, calme-toi. Le conseil n'est pas terminé, nous devons délibérer. On va lui téléphoner tout de suite, si ça peut te rassurer.

– Non ! Téléphoner ne sert à rien. Il faut aller sur la lande, Mme Stample, c'est important. »

Le corps et le visage d'Ysée exprimaient une telle détresse que la directrice hésita une seconde. La raison la guida dans sa décision :

« Encore un quart d'heure, Ysée, et je t'y accompagnerai en 4 x 4. »

La jeune fille avança à reculons vers la sortie :

« Je suis désolée, je ne peux pas. Je dois y aller. Je sens que je dois y aller. »

Et, devant le conseil médusé, elle tourna les talons, et s'enfuit en courant.

39

Une silhouette dans la brue

Wifi passa la tête au-dessus de la barrière de son box. Les oreilles droites, la jument étira son encolure vers Ysée. La jeune fille ralentit sa course et posa sa main sur la robe de l'animal. Sous la peau, les muscles frémissaient, prêts à l'effort. La belle Akhal-Teke se laissa caresser, sans un seul mouvement de recul :

« Tu es prête à m'emmener sous la neige ? »

Ysée ignorait d'où lui venait cette idée saugrenue de monter Wifi, encore mal débourrée. Mais la tempête qui se déchaînait effrayait les autres chevaux. Elle avait besoin de s'appuyer sur un animal à l'instinct sauvage pour se diriger au milieu des bourrasques.

La jument n'aurait pas supporté d'être sellée. Ysée renonça également à la bride. Une couverture jetée en travers de son dos, une main sur la corde rattachée au licou, elle se hissa sur Wifi comme elle avait appris à le faire au cours de voltige. Dès la sortie du box, la jument et sa cavalière partirent au galop.

Ysée entendit la directrice l'appeler, tandis qu'elle se dirigeait vers les landes. Pieds nus dans la neige, ses escarpins à la main, Mme Stample courait pour rattraper Ysée. En vain. La jeune fille fit mine de ne pas l'entendre. Alors qu'elle franchissait la grille du parc, elle jeta un dernier coup d'œil en arrière. La directrice se précipitait vers les locaux techniques.

Ysée se sentit soulagée. Enfin, elle agissait !

Le bruit des sabots, étouffé par la neige, ponctuait la course d'un rythme régulier. Les jambes serrées sur sa monture, Ysée percevait chacun des muscles de la jument. Wifi galopait avec une telle puissance qu'elle paraissait capable de traverser la plus terrible de toutes les tempêtes ! La chaleur qu'elle dégageait aidait Ysée à lutter contre le vent glacé.

Une fois éloignée du lycée, la jeune fille pencha son corps pour orienter le galop de Wifi vers la maison de McLagor. La jument résista. Elle refusait de s'engager vers l'intérieur des terres. Galopant obstinément vers le loch, elle ignora les effets de jambes de sa cavalière.

La panique gagna la jeune fille. Jamais elle n'aurait dû choisir Wifi ! Était-il temps d'en descendre – au risque de se blesser – afin de retourner à pied jusqu'au château qu'elle distinguait encore ? Ysée fut prise de frissons ; elle n'avait pas eu le temps d'enfiler ses bottes, et ne portait qu'un pantalon de toile et un pull en fines mailles, tous deux trempés par la neige.

Elle pensa au bonnet de laine offert par Léonard, glissé dans sa poche. Malgré les soubresauts du galop, elle lâcha la crinière de Wifi et l'enfila aussitôt.

C'est alors qu'un grand étalon, ou plutôt sa silhouette, sembla apparaître devant elle, à une centaine de mètres. Elle plissa les yeux. La tempête lui jouait-elle des tours ? À mesure que le galop de Wifi les rapprochait, la silhouette s'estompait, indistincte, fantomatique, comme assurée qu'Ysée suivait la bonne direction. Ghorse était venu lui montrer le chemin.

Couchée sur son encolure, la jeune fille encouragea sa monture. Autour d'elles, le vent résonnait dans la lande peuplée de bruits étouffés par la neige.

Une fois le loch atteint, Wifi choisit d'en suivre les rives. La neige, qui fondait au contact de l'eau, ne dissimulait plus rien du sol, et favorisait sa progression. De loin en loin, Ysée croyait encore voir l'ombre du grand étalon, sur un rocher, en haut d'un promontoire ou debout sur la lande.

Au détour d'une crique, la jument s'arrêta net. Ysée reconnut l'endroit où Jehan avait ramassé les deux pierres. Un relief au centre de la plage attira son attention. Elle se rappelait pourtant qu'il n'y avait là aucun rocher. Elle mit à pied à terre. D'une main, elle balaya la neige qui le recouvrait.

Un cheval – Atlas – était étendu sous les flocons.

Ysée le dégagea, et découvrit Jehan recroquevillé contre son flanc. La jeune cavalière s'agenouilla à ses côtés :

« Ne t'inquiète pas. Je suis là. »

Jehan bougea à peine la tête. Il l'avait entendue.

Elle posa la couverture de Wifi sur le jeune homme. Puis elle s'assit sur les galets, ôta ses baskets de toiles et ses chaussettes. Par chance, il s'agissait de celles tricotées par Léonard, en laine chaude. Elle les enfila aussitôt sur les mains de Jehan.

Le garçon ouvrit les yeux pour esquisser un sourire. Ysée le lui retourna. Elle savait qu'il aurait accueilli n'importe qui avec soulagement, mais elle était heureuse que ce soit elle. Elle ne sentait presque plus le froid. Pieds nus dans ses baskets, elle se pencha vers la tête du cheval. Atlas n'avait pas ce regard empli de terreur des bêtes qui souffrent. Elle n'eut pas le temps de l'examiner plus avant. Un aboiement bien connu retentit. Un chien courait droit sur elle :

« Tidoy ! s'exclama Ysée en le flattant, mais qu'est-ce que tu fais là ? »

La lumière éblouissante de phares perçant les flocons de neige lui apporta la réponse. Quelqu'un du lycée les avait retrouvés. Ysée se précipita vers le 4 x 4 qui roulait sur la lande en direction de la plage de galets.

La chaleur qui régnait dans le véhicule avait une douceur toute particulière ! La directrice avait pris les choses en main. Vêtue d'un vieux pantalon d'équitation, d'un tricot de laine, d'une parka et de bottes trop grandes, le tout appartenant à Léonard et enfilé à la hâte par-dessus son tailleur, Mme Stample avait déployé une couverture de survie autour de Jehan. À deux, elles avaient porté Jehan dans l'habitacle. La directrice concluait son opération de sauvetage par un appel téléphonique adressé aux secours. Elle répondait calmement aux questions qu'Ysée ne pouvait entendre :

« Oui, deux ou trois heures sous la neige.

– …

– Une hypothermie, mais la proximité du cheval a limité les dégâts.

– …

– La jambe gauche. La poser au sol le fait énormément souffrir, nous avons dû le porter. Une fracture, je pense.

– …

– D'accord, c'est sûrement mieux comme ça. Nous regagnons le lycée à petite allure. »

Quand elle raccrocha, elle informa Jehan de la situation. Il retrouvait ses couleurs.

L'hélicoptère ne peut pas décoller avec le temps qu'il fait. Une ambulance et un médecin viennent te chercher au lycée. Je vais te ramener avec le moins de cahots possible. Est-ce que tu tiens le coup ?

Jehan hocha la tête :

« As-tu la force de m'expliquer ce qui s'est passé ?

– À mi-chemin du lycée, Atlas a commencé à boiter. Ça lui arrive souvent lorsqu'il neige. Ce qui le soulage, c'est de marcher dans le loch. J'étais en avance. J'ai fait un détour vers la plage. Je n'avais pas prévu qu'il trébucherait sur un gros galet dissimulé par la neige.

– Il est tombé ?

– Non, c'est moi ! Je ne sais pas comment je me suis débrouillé, mais je me suis retrouvé par terre, la cheville tordue. J'avais tellement mal, que je n'arrivais plus à remonter sur Atlas. »

Par la vitre du véhicule, Jehan jeta un œil sur Atlas et Wifi :

« Il m'a protégé, vous savez. Il s'est couché tout près de moi, en travers du vent. J'ai rampé jusqu'à ce que mon dos touche son flanc. Je crois que j'ai la jambe cassée. »

Mme Stample tapota sa main sur celles du garçon. Elle constata :

« Décidément, c'est la saison des fractures ! Ellen avait déjà raté sa rentrée en première à cause d'une mauvaise chute. Ton oncle m'a dit que tu étais très proche d'elle, c'est ça ? »

Ysée darda son regard sur celui de Jehan, mais celui-ci baissa les yeux, désemparé. Il murmura :

« C'est ça. »

La directrice hocha la tête :

« Mon pauvre garçon, à croire que la malchance vous poursuit tous les deux. Allez, tout le monde est prêt ? On y va. »

Le 4 x 4 roula doucement sur la lande, suivi au trot par les deux chevaux. Ysée se tourna vers le pare-brise. Maintenant, Jehan savait qu'elle savait. Jehan et Ellen. Ellen et Jehan. Il fallait juste qu'elle s'habitue à ne plus espérer. Il fallait juste qu'elle accepte ce que, au fond d'elle-même, elle aurait dû ne jamais oublier : Jehan ne tomberait jamais amoureux d'une fille comme elle. Il en aimait une autre.

Un hennissement retentit jusque dans l'habitacle :

« C'est le vent, affirma Mme Stample, quand il s'engouffre dans les rochers, il fait un bruit semblable à un hennissement. Pour peu qu'il y ait une nappe de brume, on croit reconnaître un cheval alors qu'il s'agit d'un rocher. Les apparences sont parfois trompeuses. »

Ysée resta silencieuse. Elle savait bien désormais que Ghorse n'avait rien d'une légende. Et, pour lui, tout bas, elle chuchota :

« Merci. »

40
Le verdict

Assise sur les fauteuils du hall de l'administration, Lally feuilletait un magazine tandis qu'Ysée regardait droit devant elle sans rien faire. Blaise les rejoignit :

« J'ai eu Jehan au téléphone. Tout va bien, il a atteint l'hôpital sans encombre. Il n'a pas pu voir sa cicatrice, il a été plâtré. Avec la rééducation, il en a pour plusieurs semaines. Mais vous le connaissez… Il a déjà hâte de sortir ! »

Ysée avait été priée par la directrice d'attendre ici la décision du conseil. Sa mère, nerveuse, faisait les cent pas devant le tableau. L'attente l'exaspérait. À nouveau réuni, le conseil de discipline entendait un dernier témoin :

« Mais qu'est-ce qu'ils fabriquent là-dedans ? interrogea Mme Brumedor. Je n'en peux plus de patienter comme ça. Quelqu'un m'accompagne au distributeur ? »

Ysée et Lally préféraient ne pas s'éloigner. Blaise se leva et offrit son bras à la mère d'Ysée, tel un gentilhomme :

« Ce sera un plaisir de vous guider dans ce château. »

Peu après leur départ, Alyson sortit de la salle. Elle aperçut Ysée, étonnée :

« Ah ? Tu es là ? »

Ysée fut sidérée par l'hypocrisie de sa question. Après l'avoir dénoncée, Alyson était venue devant le jury pour enfoncer le clou. À cause d'elle, Ysée risquait d'être renvoyée et de perdre l'occasion de vivre son rêve !

Elle bondit de son siège, les poings serrés :

« Ça ne te suffisait pas de m'avoir balancée ? Il fallait encore que tu en rajoutes une couche ? Tu es pire que ce que j'imaginais ! »

La stupéfaction se peignit sur le visage d'Alyson :

« Tu crois que je suis responsable de tes malheurs, c'est ça ? Eh, redescends sur terre !

– Alors, qu'est-ce que tu faisais dans mon conseil de discipline, si ce n'était pas pour me dénoncer ? »

Alyson laissa un silence s'installer. Elle tira sur chacune des manches légèrement trop courtes de son chemisier et répondit très calmement :

« Si tu me prends pour ce genre de fille, laisse tomber, je ferai mieux de partir. »

Alyson semblait blessée et le doute s'empara d'Ysée : et si Alyson n'y était pour rien ? Mais, alors, que faisait-elle là ?

« Dis-moi ce que tu leur as dit.

– J'ai dit ce que j'avais à dire et j'ai apporté les preuves de ce que j'avançais la dernière fois. »

Lally intervint :

« Tu peux préciser ? »

Alyson haussa les épaules :

« Aucune importance. De toute façon, ils avaient déjà pris leur décision ! »

Lally attendit qu'Alysson soit hors de portée pour conclure :

« Ça m'étonnerait qu'elle soit allée faire un exposé sur ses couturiers préférés, si tu vois ce que je veux dire… »

Perdue dans ses pensées, Ysée ne dit pas un mot. Lally reprit la lecture du magazine qu'elle recevait chaque semaine. Soudain, une série de photos l'intrigua :

« Dis donc, Ysée, ça ne te rappelle rien ? »

Sur une double page, un reportage présentait la demeure de rêve dans laquelle un couple d'acteurs passerait ses vacances avec ses enfants. Ysée fit la grimace :

« Tu sais, moi et les *people*… Je n'y connais rien. »

– Je ne te parle pas des *people* ! Regarde le chalet ! L'escalier imposant, le jacuzzi dans la véranda d'hiver, le salon en bois plus grand qu'un terrain de football, le luxueux vestiaire à ski, tout ça ressemble exactement aux photos de Megève que nous a montrées Alyson. Comment ça s'appelait déjà ? Zenattitude, Zenskititude, un truc comme ça.

– Zenaltitude.

– C'est ça ! Sauf que c'est impossible. Le magazine précise que les stars ont loué la totalité du chalet pour tout le mois de décembre… Ça ne m'étonne pas, d'ailleurs, ils arrivent avec leur cuisinier, la gouvernante et les deux nounous des enfants ! Donc, Alyson et sa mère ne peuvent pas y passer leurs vacances en même temps. »

Ysée lui sourit de manière détachée. L'énigme ne la passionnait pas. Le chalet de luxe et les vacances à la montagne restaient bien loin de ses préoccupations du moment. Jehan, sa mère, l'expulsion… tout s'emmêlait dans sa tête. Une seule conclusion lui vint à l'esprit :

« Alors, elle a menti.

– Oui, approuva Lally, et, à mon avis, ce n'est pas la première fois ! »

La porte de la salle du conseil s'ouvrit. Mme Stample s'avança droit vers les deux amies qui patientaient. Tidoy, qui se tenait sagement couché sous le fauteuil de Lally, se redressa, le museau levé vers sa maîtresse. Sa queue battait l'air à tout va. La directrice leur demanda :

« Dites-moi, mesdemoiselles, aurai-je un jour la chance de récupérer la mainmise sur mes animaux ? Wifi obéit à Ysée, mon chien passe ses journées dans les jambes de Lally… Faut-il que je me mette à l'élevage de mygales pour espérer conserver un animal auprès de moi ? »

Figées, les deux filles retinrent leur respiration. Mme Stample eut un bref sourire :

« Allons, ne vous inquiétez pas ! Je ne proteste que pour la forme. Vous avez su vous créer une place auprès de Tidoy et Wifi, j'ai la mienne, ça ne pose aucun problème. Excusez-moi, le moment était sûrement mal choisi pour plaisanter. Revenons-en à ce qui nous rassemble ici. Ysée, le conseil a tranché. J'ai bien compris que tu es libre et que tu le resteras. Jamais je n'ai demandé à mes élèves d'aller à l'encontre de leurs valeurs, mais j'exige le respect du règlement, ni plus, ni moins. Tu le comprends ?

– Oui, je le comprends.

– Je vais chercher ta mère. Installe-toi. Et toi, Lally, tu ne bouges pas d'ici. »

Lally feuilleta son magazine d'un air absent. Blaise, qui l'avait rejointe, ne disait rien non plus. Dix minutes qu'Ysée était rentrée dans la fosse aux lions ! Fallait-il y voir plutôt un signe favorable ou, au contraire, est-ce que cela augurait du pire ?

Quand enfin Ysée sortit de la salle, Lally et Blaise se précipitèrent vers elle :

« Alors ? Alors ? »

La réponse d'Ysée n'était pas claire. Ses amis notèrent les mots « acte grave », « sanction », « heures de service », mais pas « expulsion ». Lally saisit les mains d'Ysée et lui demanda :

« Alors, tu n'es pas renvoyée ? »

Un sourire éclaira le visage d'Ysée :

« J'ai écopé de vingt et une heures de services à réaliser durant la deuxième semaine des vacances de Noël. Mais je reste au lycée. Je reste ! »

Lally poussa un cri de joie et la serra dans ses bras :

« Yaouh ! Que le petit peuple dont Léonard nous rebat les oreilles soit loué ! s'écria Blaise. Je le savais, je le savais ! ajouta-t-il. Tu es une fée, Ysée. Tous les contes de fées se terminent bien, c'est bien connu.

– Je perds juste trois jours de vacances, précisa Ysée. Le matin, je serai de corvée d'écurie. L'après-midi, je donnerai un coup de main dans les services administratifs et logistiques. »

Elle grimaça, et se tourna vers sa mère qui contenait difficilement son émotion :

« Désolée, maman, je passerai un peu moins de temps avec toi. »

Un sourire aux lèvres, celle-ci haussa les épaules :

« Je me débrouille très bien toute seule, tu sais. On a gagné l'essentiel. Promets-moi de ne plus jamais me ménager à ton détriment. Tu es jeune, tu n'as pas le droit de tourner le dos à tes rêves. »

Élisabeth glissa une main dans les cheveux de sa fille. Elle s'apprêta à ajouter quelque chose, mais renonça. Ce n'était pas utile. Ysée n'avait pas besoin de mots pour comprendre combien elle l'aimait.

Les membres du conseil sortirent un à un. À chaque passage, Blaise murmurait un merci enthousiaste. De persécuteurs, ils avaient gagné le statut de sauveurs.

Mme Stample sortit la dernière, et ferma la salle. Elle tendit à Ysée les feuillets qu'elle tenait à la main :

« Tiens, je n'en ai plus besoin.

– Qu'est-ce que c'est ? interrogea Ysée.

– Le résultat des recherches d'Alyson. Elle a essayé de prouver que le lycée ne pouvait pas exiger un certificat pour l'accès aux études. Elle a cru trouver cette confirmation dans ce décret qu'elle nous a apporté. Sauf qu'elle avait omis la mention précisant que le règlement intérieur des établissements pouvait instaurer l'obligation du certificat. Enfin bref, c'était une tentative intelligente pour te dédouaner. Alyson a mis toute sa force de conviction là-dedans ! Allez, je dois filer nourrir Tidoy. Bon appétit, messieurs dames. »

Les trois amis échangèrent un regard stupéfait. Ainsi, Alyson avait pris la défense d'Ysée ! C'était d'autant plus invraisemblable que, dès le premier jour de la rentrée, puis à chaque occasion ensuite, elle n'avait pas caché le mépris qu'Ysée lui inspirait.

La plus grande table du réfectoire s'avérait encore trop petite pour accueillir tous ceux qui venaient féliciter la rescapée du conseil. Jena, Joyce, Lukas, Romain et d'autres s'étaient joints à Lally, Blaise et Ysée pour fêter la nouvelle.

La tempête avait lessivé le ciel. À présent, le soleil inondait le paysage. À la fin du repas, toute la tablée enfila bottes et manteaux. Au programme : la construction d'un bonhomme de neige géant, pour saluer l'hiver.

Mais, très vite, l'atelier se transforma en bataille de boules de neige. Tous les élèves se prirent au jeu et la cour ne fut bientôt plus que rires et cris. Lally s'émerveilla :

« Vous avez de la chance, en Europe, d'avoir de la neige chaque année !

– Oui, approuva Joyce, mais ce n'est pas si fréquent que ça.

– En tout cas, ajouta Blaise, en matière de boules de neige, j'ai une certaine expertise. Mesdames, je vous laisse apprécier ! »

Et, la bataille reprit de plus belle. Puis épuisés, tous finirent par s'allonger à même la neige.

Lally se pencha vers Ysée :

« Je pensais à quelque chose… Si Alyson passe vraiment ses vacances dans le chalet Zenmachintruc, c'est peut-être parce que sa mère est la nounou des enfants ? Alyson la rejoint sûrement pour les vacances. Imagine… Si ça se trouve, elle côtoie les plus grandes célébrités, le rêve !

– Nounou d'enfants stars ? réfléchit Ysée. Ce n'est pas impossible ! »

Elle tentait d'associer les indices : les vêtements de marque un peu usés, probablement donnés par de riches employeurs, les photos de lieux luxueux sur lesquelles ne figurait jamais sa mère, l'attention portée au style et au coût des tenues des uns et des autres… Ysée ajouta :

« Tu as sans doute raison. Sauf que, pour elle, ça n'a pas l'air de ressembler à un rêve, sinon, elle n'en ferait pas un secret. »

Une fine poudre glacée tomba sur leur visage. Debout, Blaise s'amusait à égrener de la neige au-dessus d'elles. Il esquiva habilement le mouvement de bras de Lally destiné à le chasser. Il annonça :

« Il y avait un message de Jehan. Tout va bien. Il vous embrasse. »

Ysée se redressa. Penser à Jehan lui faisait encore mal. Elle se réjouissait de le savoir en bonne santé, mais elle ne s'était pas assez détachée de lui pour le considérer comme un simple ami. Elle saisit un paquet de neige pour bombarder Blaise. Cette reprise des hostilités mobilisa ceux que le froid commençait à atteindre. Lukas se releva à son tour :

« On sc lance dans un bonhomme de neige ?

– Bonhomme ou bonne femme, suggéra Joyce, ça reste à décider ! »

Une heure plus tard, au pied d'un gros arbre de la cour, se tenaient trois silhouettes blanches, plantées sur la lande : un couple, suivi d'un énorme chien, dont les yeux semblaient presque réels.

41

Départ en vacances

Les dix longues journées passées depuis le conseil avaient apaisé les esprits. Ce samedi, premier jour de l'hiver, avait l'odeur des vacances. Les sacs de voyage encombraient la cour le long des deux autocars. Il régnait la même agitation que le jour de la rentrée à Ghorse Highschool, seuls la chaleur de la fin d'été et les piqûres des *midges* manquaient.

Lally avait dessiné une magnifique tête de cheval sur la valise d'Ysée pour éviter qu'elle la perde à nouveau. Ysée, qui ne repartirait que le lendemain matin, avait hâte de l'étrenner.

Alyson traîna son bagage devant elle, sans lui jeter un regard. Ysée l'interpella :

« Alyson ! Je voulais juste te dire merci pour l'enquête.

– Ah bon ? Je croyais que j'étais celle qui t'avait dénoncée…

– Je me suis trompée, tu n'es pas une fille comme ça. Alors, merci.

– N'en fais pas des tonnes ! Je ne l'ai pas fait pour toi, mais par amitié pour Romain. »

Devant l'air surpris d'Ysée, elle insista :

« Oui, par amitié. Romain avait tellement envie de t'aider qu'il n'a pas eu de mal à me convaincre.

– Tu n'étais pas obligée.

– Écoute, la beauté et la richesse attirent les jalousies. Les coups, j'en ai pris et je sais quel effet ça fait. La seule façon de les éviter c'est l'attaque. Attaquer le collège sur le principe du certificat, ce n'était pas très compliqué à faire. Romain y tenait, alors, je l'ai fait. C'est bon maintenant, je peux y aller ?

– Attends une minute. »

Ysée hésita un instant. Elle finit toutefois par se lancer :

« Avec Lally, on a découvert le travail de ta mère auprès des stars. »

Alyson se tourna avec agressivité vers Ysée :

« Ah oui ? Et, alors quoi ? Tu veux partager mon petit secret avec les autres ? C'est ça ?

– Non ! Je voulais juste te dire que je savais. Et je ne comprends pas pourquoi tu le caches. Lally adorerait être à ta place !

– Je n'en ai rien à faire de vos bons sentiments ! Tu as pitié de moi, c'est ça ?... Eh bien, garde ta compassion pour les autres, moi, je n'en ai pas besoin. Et puis, si tu as envie de raconter ma vie à tes copines, ne te gêne pas, ça ne me fera ni chaud ni froid. Maintenant, laisse-moi passer. »

Alyson s'éloigna à grands pas en direction du perron dont elle escalada vivement les marches.

Ysée murmura :

« Merci quand même. »

Puis elle replongea dans les va-et-vient incessants qui annonçaient le départ. Elle aida Jena à porter sa lourde valise dans la soute du car, elle sourit aux plaisanteries de Blaise, elle essuya une larme de Lally qui était triste de l'abonner seule au lycée, puis mit fin au litige qui opposait Lukas et Joyce au sujet des paroles d'une vieille chanson d'Abba.

Elle était là, présente, au cœur de la vie de Ghorse Highschool. Et ceux qui gravitaient autour d'elle ne lui étaient plus étrangers.

Karvina s'approcha d'elle :

« Quand on y reste extérieurs, les départs dégagent une certaine force, tu ne trouves pas, Ysée ? On ressent en chaque personne des espoirs, des regrets, parfois même une attente… Et pourtant, ce ne sont que les vacances de Noël !

– Vous ne quittez pas Ghorse aujourd'hui ?

– Non, demain, comme toi. Tu as sûrement hâte de rentrer après ce trimestre mouvementé ? Oh, mais j'y pense, j'ai oublié de distribuer les pique-niques. Excuse-moi, Ysée, j'y vais ! »

La gouvernante souleva sa longue robe, dévoilant ses bottines finement lacées. Elle courut dans la neige en direction de l'entrée du réfectoire.

Ysée repensa à sa vie d'avant. Elle revoyait Flibustier galoper dans son champ, échapper avec habileté à ceux qui tentaient de lui passer le licou. Pour Noël, sa mère lui avait promis d'inviter Béa. Comme ils lui avaient manqué ! Oui, elle avait envie de retrouver ses racines, sa maison et ceux qui l'aimaient. Mais elle n'était pas pressée.

Les embrassades s'éternisèrent. Ysée obligea ses amis à grimper dans l'autocar. Elle s'installa à la grille, debout sur la haute pierre qui délimitait le portail. Elle tenait le galet de Jehan serré dans sa main droite. Quand les cars passèrent, elle agita les bras en signe d'au revoir. Elle continua longtemps, jusqu'à les voir disparaître sur l'interminable ruban d'asphalte qui traversait la lande blanchie par la neige.

Puis elle regarda alentour. Les écuries, nichées sous leurs toits arrondis, les éoliennes dont les pales s'activaient sous l'effet du vent, le château noir et puissant et, à l'entrée, juchée en haut du perron, la directrice qui observait l'horizon, les bras croisés…

Karvina avait raison. Ces derniers mois, elle avait trouvé des amis, sans pour autant sacrifier sa passion pour les chevaux. Il lui semblait qu'elle avait vécu plus de choses en un trimestre que dans tout le reste de sa vie, comme si le temps passé ici n'avait cessé de s'étirer. Dans ce pays sauvage, elle avait aussi découvert l'amour, même si elle l'avait perdu aussi vite. Au loin, un hennissement lui fit lever la tête. Il provenait des collines, au bout de la lande. S'agissait-il de Ghorse ?

Longeant les box, Ysée caressa chacun des chevaux. Au milieu du bâtiment, elle sursauta quand une tête surgit devant elle. Elle éclata de rire :

« Pop Corn ! Vieux grigou ! »

Ravi, l'étalon se laissa caresser. Ysée poursuivit sa visite. Plus loin, appuyé sur le manche d'une fourche, Léonard répondit à son petit signe amical.

Au niveau du paddock des Przewalski, elle n'eut pas besoin de chercher Anaïr du regard. La jument et sa pouliche, qui avaient réintégré le troupeau, s'approchèrent avec prudence, bercées par la voix rassurante qu'elles avaient appris à respecter.

Ysée inspira. L'air froid lui piquait la gorge. Elle expira, tête en arrière, pour observer le mince nuage de brume s'envoler de ses lèvres. Ici, elle se sentait bien. Ici, elle avait trouvé sa place.

Le roman des filles

Quatre filles, quatre caractères différents, une amitié plus forte que tout. Découvrez comment la douce Lily, la passionnée Chiara, la flamboyante Mélisande et l'impétueuse Maëlle ont fait connaissance, suivez leurs aventures, leurs disputes, leurs réconciliations et leurs amours tumultueuses !

Lov♥

LA SUITE du roman des filles

Pauline, l'une des héroïnes, déménage à Paris et entre en première. Nouveau lycée, nouveau quartier, mais surtout nouvelles amitiés et nouvelles aventures !

Premier volume de la saison 2 pour cette série à succès, toujours aussi proche de ses lectrices !

13,90 €

FLEURUS

L'UNIVERS des filles

AMOUR, AMITIÉ, RÊVES, TENDRESSE, HUMOUR,
DÉCOUVREZ CES ROMANS QUI VOUS RESSEMBLENT !

Vous êtes fans de Journal de Los Angeles ?

FLEURUS

Composition et mise en pages : Text'Oh !
Numéro d'édition : 14225
Achevé d'imprimer en Italie par Lego en août 2014
Dépôt légal : septembre 2014